Première de couverture :
C'est l'heure du repos pour ces soldats en poste sur le mur de l'Atlantique. ***Bundesarchiv.***

itinéraires de découvertes

LE MUR
DE L'ATLANTIQUE

TEXTE ET PHOTOGRAPHIES
PATRICK ANDERSEN BÖ

Éditions Ouest-France

Ploumanac'h
Sept-Îles
Plougasnou
Île de Bréhat
Île de Batz
Paimpol
GOLFE DE SAINT-MALO
Saint-Pabu
Belle-Île-en-Terre
Cap Fréhel
Île d'Ouessant
262 MAA
Landerneau
353 DI
266 DI
608 MAA
Brest
Lampaul-Guimiliau
Kéringar
343 DI
Aulne
Trieux
77 DI
Dinan
Pointe du Grand Grouin
FINISTÈRE
Blavet
CÔTES-D'ARMOR
Aulne
Baie de Douarnenez
Rance
ILLE-ET-VILAINE
Île de Sein
Pointe du Raz
Quimper
Odet
Vilaine
Baie d'Audierne
Quimperlé
RENNES
OCÉAN ATLANTIQUE
265 DI
Scorff
264 MAA
Blavet
Vilaine
Kerloes
Lorient
MORBIHAN
Île de Groix
Redon
275 DI
Plouharnel
Vilaine
LOIRE-ATLANTIQUE
L'Erdre
280 MAA
Le Croisic
Loire
Belle-Île
Batz-sur-Mer
Camp de la Torpille
Préfailles
NANTES
Île de Noirmoutier
Station radar principale
Batterie lourde (plus de 200 mm)
Batterie côtière ou point d'appui
PC de division
MAA Marine Artillerie Abtellung (Groupe d'Artillerie de Marine)
Limite de division
0
25
50 km

SOMMAIRE

Introduction

Huit ans après la parution de l'ouvrage « Le Mur de l'Atlantique en Bretagne », ce tome II a vu le jour, peu à peu, grâce à de nombreuses découvertes sur le terrain.

En effet, lors de mes investigations, la Marine nationale, des municipalités et des particuliers m'ont aimablement ouvert les portes de leurs blockhaus.

Dans ces bunkers oubliés depuis un demi-siècle, le temps semble s'être arrêté. Exemple : ce calendrier de 1945 encore punaisé au mur d'un abri à personnel de la région de Saint-Nazaire !

De nombreuses fresques murales, des slogans et des graffitis peints sur les murs de béton nous racontent l'histoire de ces hommes qui vivaient dans ces casemates.

L'uniformologie des ouvriers de l'Organisation Todt est traitée ainsi que la vie quotidienne des soldats allemands, en poste sur le mur de l'Atlantique.

Cet ouvrage n'est pas une étude de fond du mur de l'Atlantique en Bretagne, mais une invitation à la visite de ses vestiges.

Page de gauche :
Très rare cloche blindée à une embrasure pour mitrailleuse MG 34 (R 648). Remarquez les murs de flanquement protégeant l'embrasure d'un tir latéral. (Saint-Nazaire, Loire-Atlantique.)

Casemate d'observation équipée d'une mitrailleuse. (Lampaul-Plouarzel, Finistère.)

Tobrouk pour mortier de 80 mm. (Plage de Pen-Trez, Finistère.)

Casemate de construction spéciale (S.K.) pour canon Skoda de 47 mm et mitrailleuse de 7,92 mm. (Audierne, Finistère.)

Ce curieux blockhaus, unique en Bretagne, est en fait un encuvement pour canon de 50 mm K.W.K. surmontant l'abri à personnel et la soute à munitions (R 600). (Port de Merrien, Finistère.)

Cinquante-sept années se sont écoulées depuis la fin de la Seconde Guerre mondiale et de nombreux vestiges du fameux « mur de l'Atlantique » parsèment toujours la côte bretonne. Ces blocs de béton, à l'architecture étrange, se sont si bien intégrés au paysage côtier qu'on ne leur prête même plus attention.

Ces monuments historiques, méprisés il y a encore quelques années, ont fini par figurer en bonne place sur les photos souvenirs de vacances.

Il est à noter que de nombreux types d'ouvrages très rares ou uniques en France se trouvent sur la côte bretonne.

Relève de la garde à la base sous-marine de Kéroman. (Lorient, Morbihan.)
Musée de la Résistance bretonne.

Ces bunkers m'ont toujours fasciné et passionné. C'est pourquoi je les ai photographiés avant qu'ils ne disparaissent, comblés ou détruits un à un et qu'ils ne cèdent leur place aux résidences secondaires, si nombreuses qu'elles finiront par former un autre mur de l'Atlantique.

Plaque de blindage protégeant la chambre de tir d'une mitrailleuse (R 630). (Pointe de Lève, Loire-Atlantique.)

Bunker archéologie

Mis à part les ouvrages connus de tous, situés sur le littoral, la découverte des bunkers oubliés nécessite quelques recherches. Il faut d'abord, suivant la région à traiter, consulter le cadastre, observer avec attention les cartes I.G.N. au 1/25 000, étudier les plans des défenses côtières allemandes établis par la Marine nationale en 1946, enquêter sur le terrain, etc.

Une fois pourvu d'un maximum de renseignements, il faut maintenant essayer de les retrouver sur le terrain, ce qui n'est pas une sinécure !

Page de gauche :
Après de longues heures passées à la visite et à l'étude d'un ouvrage du mur de l'Atlantique, retour vers la lumière du soleil. (Batterie Kerbonn, Finistère.)

Ce souterrain inondé dessert plusieurs postes à mitrailleuse. Le danger est omniprésent. (Belle-Ile-en-Mer, Morbihan.)

Accès à un long souterrain menant à un abri à personnel. (Batterie de Kéringar, Finistère.)

En effet, soixante ans ont passé depuis leur construction par l'O.T. et le paysage côtier a considérablement évolué. On pourra les découvrir noyés dans un lotissement, engloutis par la végétation, dissimulés sous une maison d'habitation ou enterrés dans une propriété privée !

Ne pas se risquer seul dans les complexes souterrains, souvent truffés de pièges tels que : trous de puits, éboulis, inondations, ferraille rouillée, etc. Ils peuvent être dangereux.

Le vertige peut être un handicap pour la visite de certains ouvrages. (Pornichet, Loire-Atlantique.)

Après quelques efforts de terrassement, la visite du blockhaus peut enfin commencer ! (Dinard, Ille-et-Vilaine.)

Le bunker enfin localisé, il faut maintenant le visiter. Là, il faudra un minimum d'équipement : lampes électriques (dont une frontale très pratique pour avoir les mains libres), batteries, lampes de rechange et prévoir aussi de bonnes chaussures de marche !

Dans un sac à dos, prendront place une pelle pliante et une machette en prévision d'un accès difficile tel qu'une porte comblée ou obstruée par les ronces.

Certains ouvrages oubliés depuis 1944 peuvent encore contenir des munitions, surtout ne pas les manipuler et prévenir au plus vite la Sécurité Civile.

Equipement de base du parfait bunker-archéologue.

Lors de la visite d'un bunker, il sera très intéressant d'essayer de l'identifier. En effet, tous ces ouvrages ont été exécutés suivant des plans type standard *(regelbau)*. En fonction de leur spécialité établie par un programme de construction, abris à personnel, casemates d'artillerie ou postes de commandement ne sont pas conçus de la même manière. Adaptés à l'importance stratégique de la zone de défense, ils n'auront pas non plus la même protection : classe A pour 3,5 mètres de béton et B pour 2 mètres, etc. L'armée de terre, l'aviation et la marine auront chacune leur propre programme de construction, adapté à leurs armements et à différentes missions spécifiques.

Certains ouvrages construits avec les moyens du bord ou adaptés à des armes de prises, en contradiction avec le principe des plans types, sont classés « Constructions Spéciales » (S.K.). Si vous avez la chance de découvrir une cloche blindée encore en place, il faudra également l'étudier avec attention car il existe une multitude de modèles différents : mitrailleuses, mortiers, etc.

Pour pouvoir s'y retrouver, il faudra se procurer des ouvrages plus pointus tels que « Atlantikwall » d'Alain Chazette ou « Die Regelbauten des Heeres im Atlantikwall » de Harry Lippmann, etc., disponibles dans certaines librairies spécialisées.

Ce jeune amateur de bunkers semble perplexe quant à la visite de cette inaccessible casemate d'artillerie. (Morgat, Finistère.)

Quelquefois, la seule possibilité de visite d'un blockhaus sera de s'infiltrer par l'issue de secours. (Aber-Wrac'h, Finistère.)

Ich wollt, ich wär ein Elefant,
wie wollt ich jubeln laut!
Es wär mir nicht um's Elfenbein
nur um die dicke Haut!

La mémoire des blockhaus

Les témoignages peints par l'occupant allemand dans les bunkers du mur de l'Atlantique (inscriptions, maximes, dessins et fresques, graffitis, slogans, etc.), nous permettent aujourd'hui d'étudier l'état d'esprit de ces soldats qui ont servi ces ouvrages bétonnés durant la Seconde Guerre mondiale. Ce qui ressort surtout, c'est le mal de vivre, une extrême discipline, la propagande mais aussi l'honneur, le patriotisme, l'abnégation et un certain humour malgré tout.

Ces réalisations, d'un grand intérêt historique et parfois artistique, susciteront chez l'amateur averti curiosité, étonnement et admiration.

De nos jours, découvrir ces œuvres picturales tient souvent de la spéléologie et il aura fallu visiter près d'un millier de blockhaus, souvent comblés ou inondés, pour vous présenter cet échantillonnage.

Toutes les photos présentées ici ont été prises en Bretagne, de Cancale à Pornic, et classées par thèmes : techniques, politiques, humoristiques, etc.

Page de gauche :
« J'aimerais être un éléphant, ainsi pourrais-je jubiler à pleine voix ! Ce ne serait pas pour l'ivoire, mais pour l'épaisse peau ! » L'auteur de cette fresque murale a sûrement voulu faire un parallèle entre la puissance de l'éléphant et la force tranquille de son blockhaus. (Lézardrieux, Côtes-d'Armor.)

I - CODES D'IDENTIFICATION

La plupart des bunkers du mur de l'Atlantique sont numérotés :
- indicatif du secteur côtier :
- Ra pour Rance,
- Lo pour Lorient,
- Gx pour l'île de Groix,
- Va pour Vannes,
- Nz pour Saint-Nazaire, etc.
- numéro du point d'appui,
- de l'abri,
- du type de l'abri (regelbau),
- et parfois la date de construction.

Cartouche d'identification d'une casemate pour canon de 50 mm K.W.K. (Pointe de Kervoyal, Morbihan.)

Le tout est regroupé dans un cartouche peint au pochoir, situé près de l'entrée de l'ouvrage.

II - CARTOUCHES DE CONSTRUCTION

Au début du conflit, quand le temps ne faisait pas défaut, était peint un cartouche où figuraient les noms des diverses entreprises qui avaient participé à la construction de l'ouvrage :

- Terrassement,
- Electricité,
- Coffrage,
- Peinture,
- Ferraillage de l'armature,
- Bétonnage,
- etc.
- ainsi que la date d'achèvement du chantier.

On les trouve le plus souvent dans le sas antigaz.

Cartouche de construction d'un abri passif de la Kriegsmarine. (Kernevel, Morbihan.)

III - CARTOUCHES D'INSTRUCTION DE TIR

Situé dans les chambres de tir, ils indiquent la distance et la cadence de tir d'efficacité optimum de la pièce, ainsi que le site. Quelquefois, un nom de code est inscrit pour une bonne compréhension des ordres de tir. Certains sont inscrits sur un fond de peinture phosphorescente, ce qui permettait une lecture aisée lors d'un tir de nuit avec un faible éclairage du poste de combat.

Il est à signaler qu'après plus de cinquante ans, cette peinture est encore parfaitement lumineuse !

Ce cartouche a été réalisé sur un fond de peinture phosphorescente. (Port de Saint-Nazaire, Loire-Atlantique.)

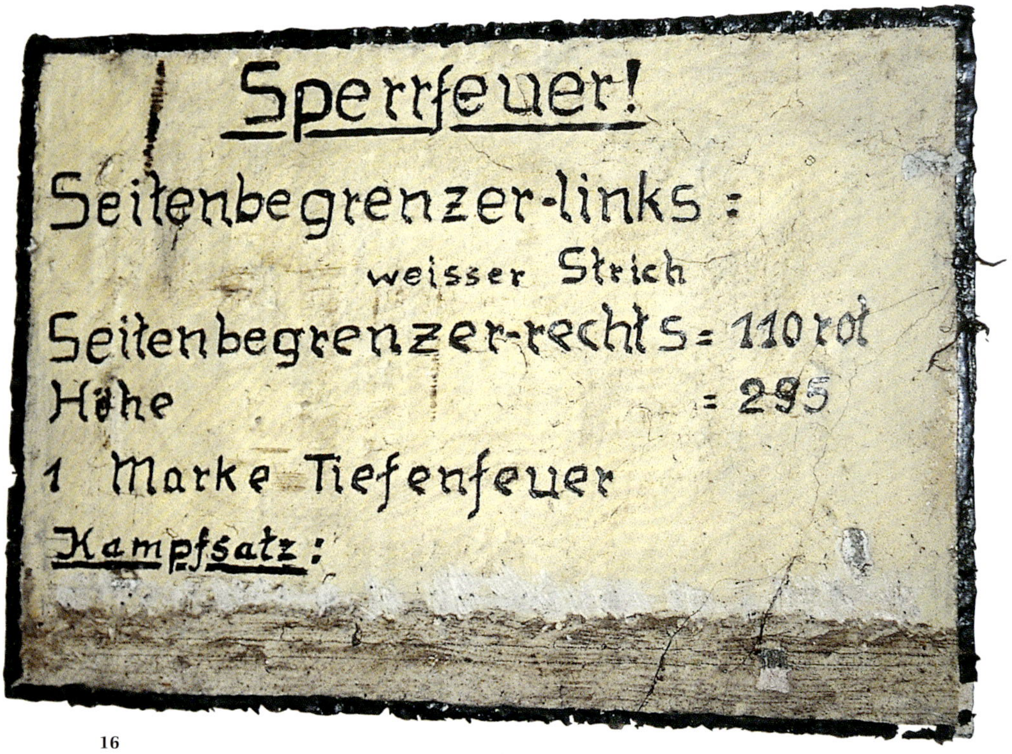

IV - MARQUAGES CONCERNANT LES MUNITIONS

On les trouve bien évidemment dans les soutes à munitions principales ou secondaires ainsi que dans les niches attenantes aux chambres de tir.

« Obus perforants ».
(Batterie du Bégot, Morbihan.)

Ils indiquent les aires de stockage des différentes munitions :
- obus explosifs,
- obus perforants,
- obus éclairants,
- obus de ruptures,
- douilles,
- gargousses,
- fusées,
- etc.
- « Interdiction de fumer ! »

V - PANORAMAS DE TIR

Placés au-dessus de l'embrasure d'un canon ou d'une mitrailleuse, ils indiquent la distance des différents repaires du paysage tels que clocher, maison isolée, amer ou phare, afin de pouvoir régler rapidement le tir sur l'objectif.

Observés surtout dans les tobrouks à mortiers, certains panoramas très détaillés sont de véritables œuvres d'art.

Ce magnifique panorama de tir a été découvert dans un tobrouk à mortier de 80 mm. Il représente le centre Saint-Jean-de-Dieu au Croisic. (Pen-Bron, Loire-Atlantique.) Coll. Le Corguiller.

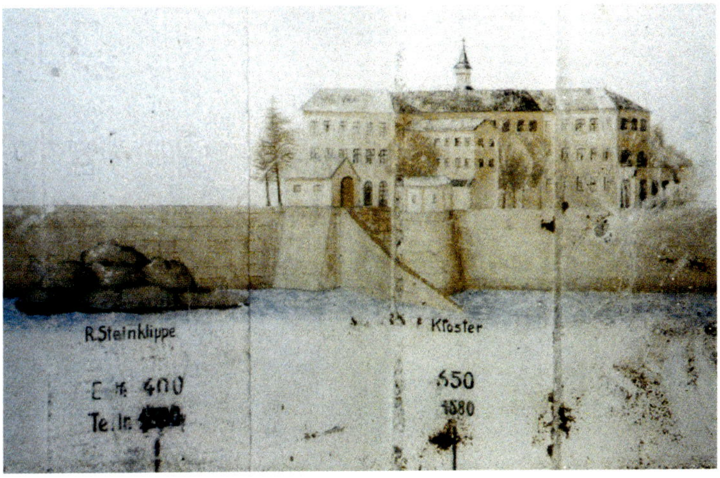

VI - CONSIGNES

Omniprésentes dans les ouvrages du mur de l'Atlantique, elles concernent :
- les systèmes de ventilation,
- les appareils de chauffage,
- les portes étanches au gaz,
- les systèmes de transmission,
- la lumière,
- les interdictions,
- etc.

Elles sont toujours inscrites au pochoir, près de l'installation concernée.

« Attention ! L'ennemi écoute ! » Marquage placé près d'un appareil de transmission. Poste de commandement de D.C.A. de marine. (Saint-Nazaire, Loire-Atlantique.)

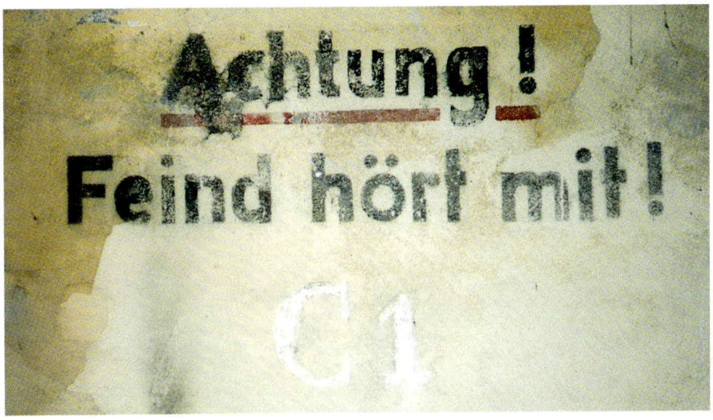

Direction du poste de premiers secours à la batterie de D.C.A. de marine du Cosqueric (Morbihan.)

VII - INSCRIPTIONS SANITAIRES

Une croix rouge sur fond blanc de grande taille peinte à l'extérieur identifie les bunkers sanitaires, protégés en principe par des conventions internationales.

A l'intérieur des abris, ces croix rouges désignent l'infirmerie, l'espace de décontamination des gaz de combat ainsi que toute aire de stockage de matériels sanitaires.

VIII - NOMS DE BAPTÊME DU BUNKER

Il arrive quelquefois qu'un bunker porte un nom peint sur l'un des murs intérieurs ou extérieurs.

Noms :
- d'une région,
- d'un chef militaire,
- d'un haut dignitaire du parti,
- d'une ville,
- d'un prénom féminin,
- etc.

Exemple :

A Audierne, où deux ouvrages pour cloche blindée à six embrasures portent encore aujourd'hui les noms de maréchaux prestigieux de la Wehrmacht, tels que Paulus et Rommel.

IX - CITATIONS POLITIQUES

Observées dans les centres de repos ou les abris à personnel, celles-ci reprennent les thèmes habituels de la propagande nazie. Elles contribuent ainsi à l'endoctrinement politique des soldats du front.

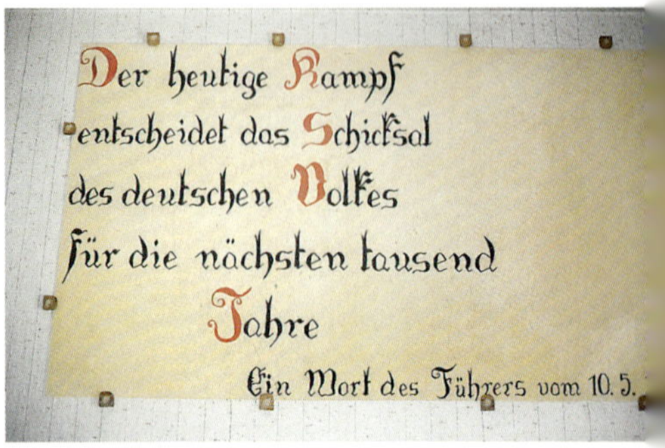

« Le combat d'aujourd'hui décide le sort du peuple allemand pour les mille années à venir. » Un mot du Führer le 10.5.1940. Centre de repos pour sous-mariniers. (Lorient, Morbihan.)

Prénom féminin à la soute à munitions de la batterie de Kerhop (Morbihan.)

X - MAXIMES

Inscrites dans les postes de combat ou les lieux de repos, elles exhortent les soldats allemands à croire qu'ils appartiennent à la race des seigneurs.

« L'Allemagne est là, où les cœurs sont forts. » Centre de repos pour sous-mariniers (Brest, Finistère.)

XI - SLOGANS GUERRIERS

Ils incitent le soldat du front à la bravoure, au courage, au combat héroïque, voire au sacrifice suprême.

Il faut savoir que chaque soldat allemand a prêté serment de fidélité au Führer jusqu'à la mort.

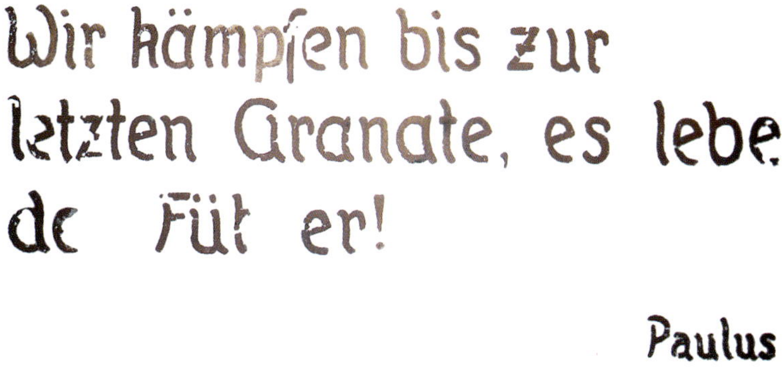

« Nous combattrons jusqu'à la dernière grenade, vive le Führer ! » Paulus. Le maréchal Paulus commandait la 6e Armée encerclée par l'Armée rouge à Stalingrad. (Audierne, Finistère.)

XII - SCÈNES DE LA VIE QUOTIDIENNE

On les découvre le plus souvent dans les abris à personnel.

Les grands thèmes observés sont : les corvées, la ponctualité, les exercices, le repos du guerrier, la garde de l'Atlantique, voire des scènes de beuverie où les fûts de bière coulent à flots.

C'est la corvée de lessive pour ces deux soldats de la Wehrmacht. (Audierne, Finistère.)

XIII - DESSINS ARTISTIQUES

On peut trouver aussi bien des natures mortes, des paysages que des scènes guerrières.

Ils sont censés égayer les austères abris pour la troupe.

Nature morte peinte dans un abri passif. (Saint-Nazaire, Loire-Atlantique.)

Ces dessins vont d'un style 1re année de beaux-arts jusqu'à de véritables œuvres, comme la tour-grue du port de Danzig réalisée par un matelot consigné dans le foyer du camp de Beauregard, près de Saint-Nazaire.

XIV - TROMPE-L'ŒIL

L'art du trompe-l'œil plus ou moins réussi se rencontre souvent sous la forme d'un paysage vu à travers une fenêtre, une cheminée où crépite un feu de bois, des fleurs ou des personnages, réalisés au pochoir sur les murs imitant une réconfortante tapisserie de papier peint.

Ils apportent un peu de lumière, de chaleur et d'oxygène dans cet univers de béton et d'acier.

Le plus réussi, à mon avis, se trouve dans le poste de direction de tir de la batterie du Grand-Gouin, près de Camaret, qui représente un paysage de Bavière vu à travers une fenêtre.

Trompe-l'œil naïf. (Saint-Nazaire, Loire-Atlantique.)

XV - PIN-UP

Le soldat du front, vivant dans un univers exclusivement masculin, séparé depuis de longs mois de sa petite amie, est tenu par une stricte discipline. Il se laisse aller quelquefois à peindre ses fantasmes sur les murs de son abri.

Pin-up particulièrement réussie dans un bunker servi par l'aviation. (Escoublac, Loire-Atlantique.)

Il est à noter que ces pin-up à la « germanique » sont toujours restées très pudiques, comparées à celles observées à la même époque sur les carlingues d'avions américains !

De plus, elles n'ont connu qu'un pâle succès dans les abris du mur de l'Atlantique. Sans doute qu'elles n'avaient pas leur place dans la mentalité du régime nazi.

XVI - LE MAL DU PAYS

Après quatre années de guerre, coupées de rares permissions, le mal du pays ronge peu à peu le moral des soldats du mur. Ainsi voit-on fleurir dans les abris à personnel paysage natal, partie de chasse ou monument célèbre. L'encadrement encourage ces artistes sur « béton » qui permettent de rompre quelque peu la monotonie tout en remontant le moral des troupes. La « bétonnite », maladie des garnisons du mur de l'Atlantique, entraîne mauvais esprit, refus d'obéissance et désertion.

Ce chasseur bavarois ne rentrera pas bredouille. (Audierne, Finistère.)

XVII - LE MANQUE DE VIVRES

Vers la fin du conflit, dans les poches de Lorient et de Saint-Nazaire, le manque de vivres se fait cruellement sentir jusqu'à devenir une véritable obsession pour la troupe.

Près du poêle de forteresse, un soldat a peint cette appétissante choucroute garnie. (Kerhop, Morbihan.)

Dans le journal de marche d'un artilleur de la batterie du Bégot, capturé le 16 avril 1945 près de Plouharnel, il est largement question de la faim qui le tenaillait. Il dit avoir mangé des pies, des épluchures de pommes de terre et avoir vu des matelots se battre pour un rat...

XVIII - GRAFFITIS

Ce type d'expression est rarement rencontré dans les ouvrages du mur de l'Atlantique, les soldats allemands lui préférant des inscriptions d'un style plus martial. On les rencontre néanmoins dans les postes de garde, les couloirs ou dans les foyers du soldat, près du bar.

Exemple, ce porteur d'eau est l'emblème de kiosque du sous-marin U-592 basé à Saint-Nazaire. Il a été reproduit par un membre de l'équipage dans un centre de repos de la Kriegsmarine et entouré de rouge à lèvres par une des charmantes hôtesses de ces lieux... Il sera coulé le 31 janvier 1944 au sud de l'Irlande avec 50 membres de l'équipage. (Saint-Nazaire, Loire-Atlantique.)

Le porteur d'eau est l'emblème de kiosque du sous-marin U-592 basé à Saint-Nazaire.

XIX - GRAVURES

Exécutées sur le béton frais, le bois ou sur une pierre de granite rapportée, elles reprennent les différents thèmes abordés précédemment.

Un blason, composé de l'aigle du IIIe Reich et du numéro de l'unité de pionniers qui a participé à la construction de l'ouvrage, est parfois rencontré.

Gravé sur le béton frais le 1er avril 1942 par un pionnier du 1/360e groupe, ce sous-officier ventripotent observe ironiquement ce jeune soldat du génie aux prises avec un lourd marteau piqueur. (Batterie des Rospects, Finistère.)

Maître dans l'art du camouflage

Selon les directives du haut commandement allemand concernant la construction des ouvrages du mur de l'Atlantique, il est stipulé que le camouflage des casemates doit être systématique et soigné, ceci afin d'éviter ou de gêner le repérage aérien. L'art du camouflage consiste en ce cas précis à intégrer chaque bunker à son environnement.

Tous les moyens sont permis : peinture bariolée ou en trompe-l'œil, crépi, filet de camouflage, végétation naturelle, habillage de pierres maquillent ces ouvrages jusqu'à les fondre dans le paysage côtier. Certaines réalisations particulièrement réussies atteignent le sommet de l'art du trompe-l'œil !

Comme le poste de direction de tir de la batterie de Batz-sur-Mer camouflé en un paisible hôtel balnéaire. Les abris à personnel, quant à eux, souvent enterrés au ras du sol, sont invisibles depuis le ciel si l'on prend soin de tendre un filet de camouflage masquant la tranchée d'accès.

Lumière vive et fumée abondante du poêle émanant du blockhaus sont fortement prohibées.

Page de gauche :
Ce peintre, employé par l'Organisation Todt, réalise une peinture de camouflage en trompe l'œil sur un mur antichar de la région de La Baule (Loire-Atlantique.)
Bundesarchiv.

La peinture de camouflage encore bien conservée de cet abri à personnel a pour but de casser la ligne générale de l'ouvrage. (Port-Navalo, Morbihan.)

Le camouflage du PDT de Batz s'appuie sur 31 fenêtres en trompe l'œil, un mur d'angle en brique, un double toit factice et de faux balcons sur les visières.

Coll. Luc Braeuer.

Ici, c'est le crépi qui a été choisi pour donner l'aspect d'une paroi rocheuse à ce petit abri à personnel. (Le Croisic, Loire-Atlantique.)

Les Alliés utiliseront des escadrilles spécialisées dans la photographie aérienne, afin de connaître la progression des travaux.

En effet, en comparant les photos prises régulièrement le long du littoral, on peut voir l'importance des chantiers grâce aux innombrables chemins et traces convergentes laissées par les véhicules d'approvisionnement.

Il ne faut pas oublier non plus le travail de la résistance bretonne qui suit avec attention la construction des fortifications allemandes.

Le rapport n° 2223, connu sous le nom de code de « Panier de cerises », décrit avec une grande précision le dispositif des défenses du mur de l'Atlantique des côtes du Morbihan.

Ce relevé sera réalisé en juin 1943 par les 300 gendarmes des brigades du Morbihan sous les ordres du commandant Guillaudot qui ont accès à la zone côtière interdite. Le dossier sera remis en main propre par un agent de la résistance au service de renseignements de Londres. Les services secrets britanniques, satisfaits, accuseront réception par ce message codé sur la B.B.C. : « Le panier de cerises est bien arrivé, ses fruits sont remarquables, nous aimerions en recevoir d'autres. »

Si bien qu'une position terminée puis soigneusement camouflée sera déjà bien connue du commandement allié dès le début des travaux de terrassement ! Néanmoins, ce camouflage aura une utilité tactique lors de bombardements aériens, interdisant un largage précis sur l'objectif au profit d'un tapis de bombes souvent inefficace.

Ayant pourtant l'œil bien exercé, je suis passé des années devant cette casemate pour canon de 75 mm avant de déjouer ce superbe camouflage. (Saint-Nazaire, Loire-Atlantique.)

n'y a que l'embrasure du canon qui trahit la présence de ce
ınker pour canon de 50 mm K.W.K., pourtant très bien intégré à
roche environnante. (La Roche-Bernard, Morbihan.)

L'organisation Todt a intégré cet abri à personnel dans le tumulus du Petit-Mont à des fins de camouflage, ce qui provoqua de nombreuses plaintes auprès de la Kommandantur. (Port-Navalo, Morbihan.)

Cette même casemate, telle qu'elle est aujourd'hui. Les créneaux et le lierre grimpant sont toujours présents.

Cette casemate pour canon de 47 mm Skoda a été camouflée en trompe l'œil. Mur de pierres, lierres grimpants et créneaux donnent l'illusion d'une construction médiévale. (Roscoff, Finistère.) Bundesarchiv.

Le tobrouk
(type 58 c. et d.)

COUPE D'UN «TOBROUK» TYPE 58 d.

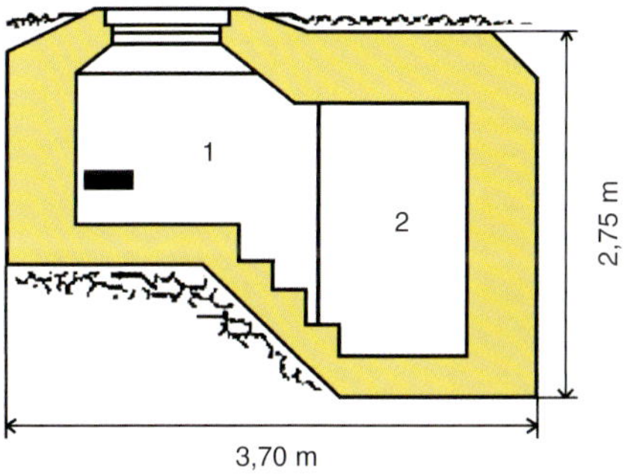

1. Poste de combat
2. Abri soute

Tir sur 360°.
Effectif : 1 à 2 hommes.
Terrassement : 58 m².
Béton : 11,5 m³.
Fer à béton : 700 kg.
Mission : multiple

Ce petit ouvrage construit en grand nombre sur le mur de l'Atlantique se rencontre familièrement aujourd'hui sur nos côtes. Il se compose d'une entrée faisant office de soute, surmontée d'un trou d'homme de 80 cm de diamètre.

Enterré au ras du sol, il assure une bonne protection au servant.

Quelle était sa mission ? Comment était-il aménagé ?

Le tobrouk est en fait très polyvalent et s'adapte facilement à toute une panoplie d'équipements suivant sa mission :

1 - Position défensive : armée soit d'une mitrailleuse, d'un mortier léger de 50 mm ou d'un lance-flammes.

Dans la petite soute, prennent place munitions et accessoires assurant une autonomie d'une heure de feu environ.

2 - Poste d'observation : équipé d'une binoculaire sur trépied.

3 - Poste de transmission : pourvu d'un appareil de transmission par signaux lumineux en morse, monté sur un trépied.

Quelle que soit sa mission, il est en liaison avec le bunker de commandement le plus proche grâce à un téléphone de campagne.

Page de gauche :
Cette photo démontre parfaitement les principales missions du tobrouk, qui sont : la surveillance du littoral et la défense contre l'infanterie. Il est armé d'une mitrailleuse M.G. 34. (Le Lomer, Morbihan.) Reconstitution. Coll. auteur.

Ce tobrouk est équipé de l'affût semi-circulaire pour mitrailleuse, ici une M.G. 42. Notez la planchette d'appui sur laquelle est fixée la béquille de crosse permettant un tir de barrage et les plaques de blindage protégeant le servant. (Le Lomer, Morbihan.) Reconstitution. Coll. auteur.

L'affût semi-circulaire de tobrouk pour mitrailleuse est pourvu d'une poignée en « L » facilitant sa mise en place et d'une autre en « U » permettant sa rotation aisée sur 360°. L'axe de la main de fixation pour mitrailleuse est usiné de trois rainures circulaires servant au réglage en hauteur de l'arme grâce à une goupille. Cela permet d'adapter l'affût sur n'importe quel tobrouk dont la hauteur du collet est variable.

Tobrouk pour mitrailleuse, ici une M.G. 34 en position de tir contre l'infanterie. Remarquer l'excellente protection du tireur (Le Lomer, Morbihan).
Reconstitution. Coll. auteur.

Il est à noter que cet affût s'accommode facilement à de nombreuses armes de prise. Il suffit de monter une main de fixation conçue pour tel ou tel modèle de mitrailleuse dont l'axe principal reste toujours le même et le tour est joué. Une main spéciale pour lance-flammes léger existe également

Voici la liste des armes pouvant être montées :

Allemandes :
- M.G. 34,
- M.G. 42,
- M.G. 08, M.G. 08/15, M.G. 15.

Françaises :
- F.M. Chauchat Mle 1915,
- F.M. Mle 24/29,
- Mit. Hotchkiss Mle 1914,
- Mit. Mle M.A.C. 31.

Polonaises :
- M.G. 30 (p) Browning,
- M.G. 28 (p) Browning.

Tchèques :
- Z.B. 26.

Néerlandaises :
- M.G. 242 (h) Lewis.

Norvégiennes :
- M.G. 30 (n) Browning.

Belges :
- M.G. 127 (b) Browning.

Ce même tobrouk en position de tir antiaérien. Pour ce type de tir, il suffit de déverrouiller la planchette d'appui articulée qui s'efface vers la droite, de fixer la mire antiaérienne et approvisionner l'arme d'une boîte porte-bandes de 50 cartouches. (Le Lomer, Morbihan.)
Reconstitution. Coll. auteur.

Ce tobrouk d'observation n'a pas été pourvu du chemin de roulements circulaire pour affût de mitrailleuse. (Pointe de Kermorvan, Finistère.)

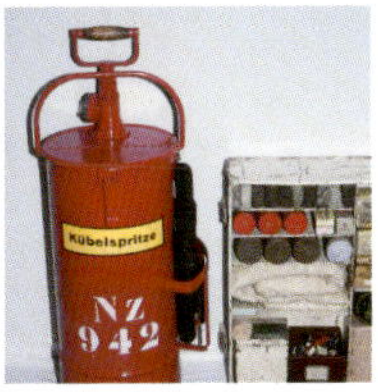

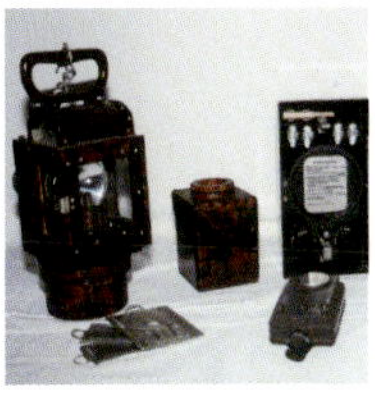

La vie des hommes sous le béton

La vie des soldats dans un abri à personnel du mur de l'Atlantique s'apparente énormément à celle des marins à bord d'un navire : bannettes superposées, tuyaux de ventilation, éclairage artificiel et promiscuité sont de mise.

La quantité d'air à l'intérieur d'un blockhaus est limitée de par sa conception étanche aux gaz de combat. En temps normal, portes blindées et créneaux sont ouverts, permettant une aération naturelle de l'ouvrage. En position de combat, portes et obturateurs de créneaux sont verrouillés. La pollution de l'air ambiant due à la vie en commun et au fonctionnement du poêle, etc., nécessite la ventilation de l'ouvrage. Les ventilateurs les plus couramment montés dans les abris du mur de l'Atlantique sont : le HES 1,2 et HES 2,4 (1,2 et 2,4 mètres cubes de débit à la minute).

Chaque abri est pourvu d'une pompe de détection du gaz d'oxyde de carbone (CO). Au moindre vertige, il faut analyser l'air ambiant et éventuellement ventiler le blockhaus. (Pompe Drager et Auer).

De plus, chaque soldat en poste dans les fortifications perçoit avec son masque à gaz réglementaire une seconde cartouche filtrante destinée à le protéger du CO (CO - FE 39). En effet, la cartouche filtrante pour gaz de combat est totalement inefficace face au gaz d'oxyde de carbone.

Page de gauche :
C'est l'heure du repos pour ces soldats en poste sur le mur de l'Atlantique.
Bundesarchiv.

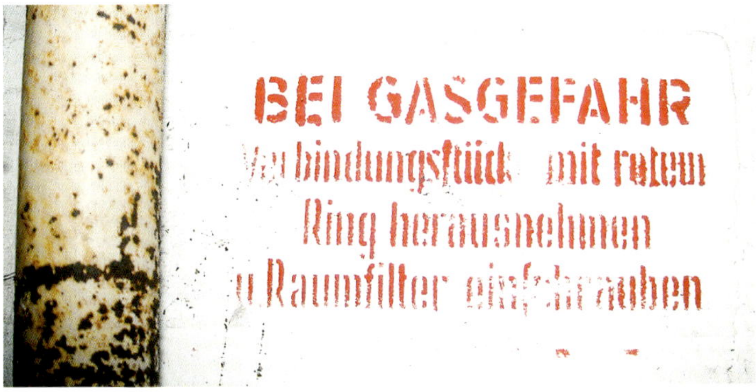

Marquage d'utilisation du ventilateur. « En cas d'attaque par les gaz, enlever l'élément de raccordement puis mettre en place les filtres. »

Ventilateurs HES 2,4 m³ dans un abri de la région de Lorient. De haut en bas : Filtres dépoussiéreurs ; Filtres antigaz ; Ventilateurs à bras pourvus de leur manivelle.

Pour intervenir dans les gros ouvrages pollués par le gaz d'oxyde de carbone, des appareils respiratoires à circuit fermé ont été prévus pour les équipes de sauvetage. (Heeresatmer.) Coll. auteur.

Bien que la température à l'intérieur d'un abri soit constante, des appareils de chauffage ont été prévus pour le bien-être des soldats en hiver.

Trois poêles spéciaux de forteresse en fonte ont été montés dans les abris : le W.T. 80 pourvu d'une plaque chauffante à gamelles, le W.T. 80 K muni, lui, d'une plaque de cuisson et le W.T. 120 équipé d'un système d'admission d'air depuis l'entrée de l'ouvrage.

Afin d'éviter les intoxications par le CO, les occupants d'un abri doivent suivre à la lettre les instructions placardées près de chaque appareil de chauffage.

Poêle de forteresse Hass & Sohn W.T. 80.

Prendre soin de laisser pénétrer de l'air frais en entrouvrant les portes du blockhaus ou en actionnant le ventilateur de manière continue est un minimum. Pour ne pas dévoiler la position du bunker à l'ennemi, il faut impérativement chauffer sans fumer ! Cela n'est possible qu'en utilisant du coke comme combustible. La nuit, on pourra brûler des briquettes de charbon ou de tourbe, du charbon de bois dégageant une fumée abondante. Tous les autres combustibles sont interdits car ils peuvent occasionner suie et goudron. Le conduit de cheminée est équipé d'un ingénieux système de protection contre les grenades à main par le biais d'une dérivation obligeant cette grenade en fin de course à exploser dans un vide situé à l'extérieur de l'ouvrage.

Poêle de forteresse Hass & Sohn W.T. 80 K.

POELE DE FORTERESSE «HASS & SOHN» W.T. 120

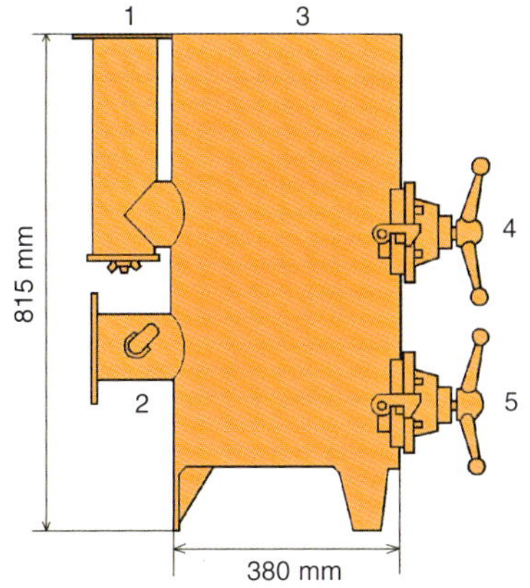

1. Évacuation des fumées.
2. Admission d'air.
3. Plaque de cuisson.
4. Porte de chargement.
5. Porte du cendrier.

Poids : 125 kg.

Combustibles :
- coke,
- charbon,
- charbon de bois,
- tourbe.

L'avantage de ce modèle est de ne pas consommer l'oxygène de l'abri. L'admission d'air nécessaire à son fonctionnement est prise à l'entrée de l'ouvrage grâce à une tuyauterie.

Monté dans les abris de la série 600.

Pour pouvoir être vraiment efficaces, les fortifications du mur de l'Atlantique sont dotées de systèmes de communication très élaborés. En effet, du plus petit tobrouk jusqu'aux grands bunkers de commandement, tous ces ouvrages sont en liaison permanente grâce à divers modes de transmissions spécifiques. Les appareils en dotation les plus courants sont : téléphoniques, radios et optiques.

Cet émetteur de détresse pour fortification ne devait être utilisé qu'en dernier recours. (Festungsnotsender. b.).

Coll. auteur.

Montage de principe d'une installation téléphonique de forteresse Mle 1938.
De haut en bas :
Répartiteur interne
Téléphone Mle 38
Boîte à piles (3 éléments)
Téléphone de campagne auxiliaire (facultatif)
Relais avec le réseau principal souterrain.
A droite :
Cornet de la transmission par tube acoustique jusqu'au tobrouk de l'ouvrage
Bornier de raccordement pour téléphones auxiliaires (facultatif)
Branchement pour deux lignes aériennes jusqu'aux postes avancés
Le câblage est blindé et étanche.

Coll. auteur.

Pendant les heures de repos, les fusils Mauser 98K trouvent leur place sur des râteliers de bois peints qui font partie intégrante du mobilier de l'abri.
Coll. auteur.

A l'abri de la mitraille, les habitants d'un bunker à personnel pour un groupe de combat doivent déjà s'habituer à vivre à dix dans un espace de 20 mètres carrés. Le confort est spartiate mais l'aménagement est bien conçu pour pouvoir être un logement permanent de type militaire. L'accès de l'ouvrage est défendu par une caponnière de tir, la chambre de troupe est protégée par une succession de trois portes de types différents : grille, blindée, étanche au gaz et résistant au feu. Dans le renfoncement de l'entrée prend place une armoire métallique de décontamination des gaz de combat. C'est dans le sas que les râteliers pour fusils Mauser sont installés. Ils peuvent également accueillir tous les modèles de fusils en service dans la Wehrmacht. Au milieu de la chambre sont disposés tables et sièges pliants, permettant leur rangement lors des corvées journalières. Les couchettes superposées sur trois niveaux sont rabattables et peuvent être plaquées au mur en dehors des heures de repos à l'aide d'une chaîne. Entre chaque bannette, étagères personnelles et photos de famille ornent les murs de béton parfois lambrissés.

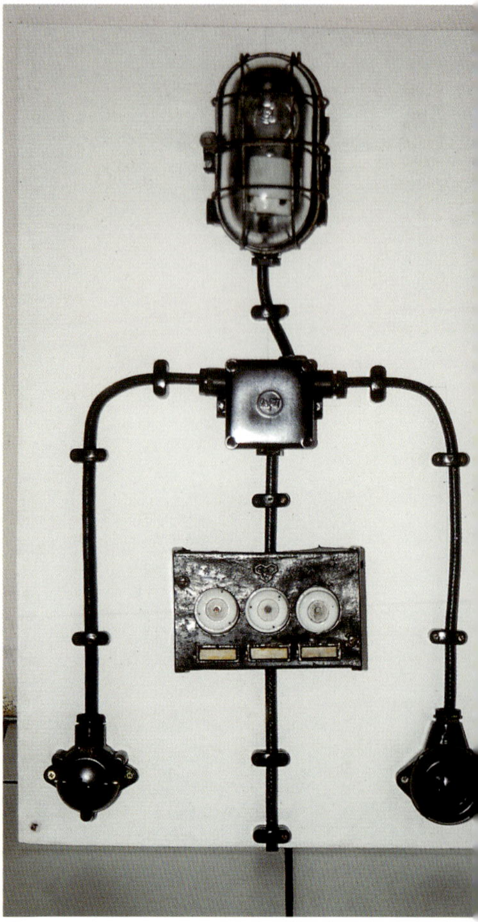

Exemple d'une installation électrique. Plafonnier, boîtier de dérivation, prise de courant et interrupteur sont fabriqués en Bakélite. Les fusibles à cartouches sont en porcelaine et le câblage est étanche.
Coll. auteur.

Pour faire face aux éventuelles coupures de courant électrique, les abris du mur de l'Atlantique sont pourvus d'éclairage de secours.
De gauche à droite :
Lanterne à acétylène ou à bougie
Réserve de carbure
Accessoires et pièces de rechange
Lanterne électrique DEAC
Lampe de poche.
Coll. auteur.

Dans des niches murales obtenues lors du coffrage, prennent place à demeure : appareil de transmission optique, bornier de branchement pour lignes téléphoniques, balise radio de détresse, éclairage de secours ainsi que les soupapes de surpression du système de ventilation.

Le sol est carrelé d'une matière isolante facilitant de plus l'entretien journalier. Des porte-serviettes sont fixés là où il y a encore de la place !

Des armoires de rangement avec penderie meublent la chambre, un poêle de forteresse Hass & Sohn assure le chauffage et la garantie d'un café chaud au retour de la garde. L'ensemble téléphonique mural Mle 38 et le système de ventilation H.E.S. 1,2 mètre cube à la minute complètent avantageusement l'aménagement.

L'installation électrique est entièrement étanche et l'éclairage est réalisé grâce à des hublots fixés au plafond pourvus d'une ampoule de 60 watts. Pour des raisons évidentes de discrétion, on trouve dans l'entrée une lampe bleutée de 15 watts.

Il n'a pas été prévu de toilettes dans les abris du mur de l'Atlantique mais une tinette est fournie avec le mobilier au détriment de la plus élémentaire intimité !

Pour l'eau potable, chaque point d'appui est doté d'un puits protégé, équipé d'une pompe manuelle de faible débit, quand il existe une nappe phréatique. Le cas échéant, le ravitaillement en eau est assuré jusqu'à une cuve de 1700 litres installée sous béton non loin de l'abri. Il n'est évidemment pas question d'eau chaude ou de douche !

Décidément, la vie quotidienne d'un soldat du mur de l'Atlantique est dure, dure comme du béton ! C'est pourquoi la garnison d'un point d'appui est relevée toutes les six semaines.

Chaque abri est doté d'un équipement de premier secours tel que : seau-pompe à incendie, armoire à pharmacie et mallette de premiers soins.

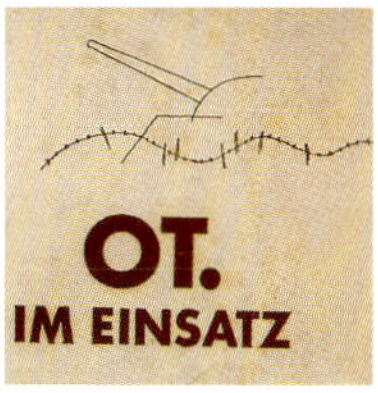

Des bâtisseurs de « pyramides »

La construction du mur de l'Atlantique et des bases sous-marines fut confiée à l'organisation Todt. Cet organisme eut pour créateur en 1938 l'ingénieur Fritz Todt, partisan de toujours d'Adolf Hitler et ministre de l'Armement et des Munitions.

La première grande réalisation du docteur Fritz Todt sera la construction dès 1933 des autoroutes reliant les grandes villes allemandes. En 1938, le Führer le charge de la construction de la fameuse ligne Siegfried (West Wall), qui est un ensemble de fortifications bétonnées face à la ligne Maginot. Mais c'est le mur de l'Atlantique qui représente la plus importante réalisation de l'O.T.

En ce qui concerne la Bretagne, l'O.T. construisit 2813 bunkers dont 2 723 en état de combattre, ce qui représente, au 25 juin 1944, 1 754 916 mètres cubes de béton et environ autant de terrassement. Ces travaux bénéficient du soutien du génie, en l'occurrence la XIXe région de génie de forteresse.

A partir de 1942, la côte bretonne devient un immense chantier, des dizaines de milliers d'ouvriers de l'O.T. s'activaient nuit et jour pour essayer de respecter le programme de construction. On trouvait parmi ces ouvriers, en dehors des Allemands : des Français, des Hollandais, des Belges, des Espagnols, des Italiens, etc.

Au 15 avril 1942, les ouvriers de l'O.T. représentaient 8458 personnes à Brest, 11 724 à Lorient et 4668 à Saint-Nazaire (chantiers des bases sous-marines).

Début 1944, plus de 50 000 ouvriers de l'organisation Todt étaient encore au travail en Bretagne à l'édification de la « Festung Europa » (forteresse de l'Europe).

Pris au piège dans les poches de Lorient et de Saint-Nazaire, les membres de l'O.T., désormais au chômage, seront reconvertis en fantassins. Certains auront même la chance de servir dans les blockhaus qu'ils ont eux-mêmes construits quelques années auparavant.

Page de gauche :
En 1941, chantier gigantesque d'une base sous-marine en construction.
Musée de la Résistance bretonne.

Début 1943 à Dinard, près de la Palmeraie, des ouvriers de l'entreprise L.T.P. (Laminoire et Tréfilerie de Paris), au service de l'O.T., terminent la construction d'un abri pour canon antichar (R 504). Cet ouvrage existe toujours aujourd'hui.
Musée de la Résistance bretonne.

Org. Todt

Uniformes de l'organisation Todt

Les membres de l'organisation Todt, assimilés aux personnels militaires auxiliaires, portent un uniforme de couleur « brun terre » dès 1940. Sur la manche gauche de la vareuse est arboré le brassard à croix gammée du parti nazi et sur l'avant-bras un autre brassard de couleur grise portant l'inscription Org. Todt en gotique. Après la mort du docteur Fritz Todt, le 8 février 1942, son successeur, Albert Speer, impose un nouveau règlement concernant les tenues de l'O.T. Elles sont en fait pratiquement identiques à la précédente, mis à part les marques de grades, la bande de bras de l'O.T. qui devient plus étroite avec l'inscription Org. Todt en minuscule, portée dorénavant au-dessus du brassard du parti.

Page de gauche :
OT-Arbeiter (travailleur de l'O.T.) portant une tenue de travail d'été : - Casquette Mle 43 avec insignes métalliques
- Lunette antipoussière du modèle des troupes motorisées
- Vareuse de toile « vert jonc » arborant le brassard du parti et la bande de l'O.T. Mle 42
- Musette à vivres provenant de l'armée française marquée au pochoir « ORG. TODT »
- Pantalon de treillis
- Botte de marche
- Le lourd marteau piqueur (50 kg) provient du génie de l'armée de terre.
Coll. auteur, reconstitution.

Insignes de grades et spécialités de l'organisation Todt selon le règlement de 1942.
(Le brassard du parti nazi est porté par tous les membres de l'O.T. quel que soit leur grade.)

En mai 1943, un autre règlement redéfini les insignes portés par l'O.T. : la bande de bras surmontant le brassard du parti porte désormais l'inscription Org. Todt en capitale, des insignes de col sont adoptés où sont brodées en fil rouge superposé les initiales O.T. pour les grades subalternes. Il est à noter que ces tenues et insignes seront portés par les travailleurs jusqu'à la fin du conflit, panachés à « qui mieux mieux » avec des uniformes de prise sur les armées vaincues, voire des effets civils ! Les membres des unités de protection de l'O.T. (Schutzkommando) ont droit à des épaulettes noires à passepoil blanc comme signe distinctif. En plus des marques de grades, les uniformes de l'O.T. peuvent être ornés de divers insignes de spécialité, professionnel ou de fonction suivant la mission de chacun.

En fait, les travailleurs de cet organisme seront toujours vêtus et équipés avec les fonds de greniers du IIIe Reich ! Exemple : l'utilisation massive d'uniformes de l'armée française, dont la teinte est proche, puisés dans le stock des prises de guerre.

Durant tout le conflit, ces civils en uniforme ne suivront que très peu les règlements, préférant l'efficacité face à l'énorme travail à accomplir que l'uniformité de leur tenue !

Nous présentons ici deux tenues typiques portées par des membres de l'O.T. en 1943-44.

Divers modèles de brassards portés par les membres de l'Organisation Todt. De haut en bas, de gauche à droite : Mle 44, Mle 42, Mle 40 porté par les commandos de protection de l'O.T. (S.K.), modèles destinés, en principe, aux travailleurs allemands ou étrangers portant une tenue civile.
Coll. auteur.

Voici la liste du paquetage perçu par un travailleur de l'O.T. relevée dans son livret individuel : un calot, un pantalon, une vareuse, un brassard du parti, un brassard de l'O.T., une paire de brodequins, une paire de bandes molletières, deux caleçons, deux maillots de corps, trois paires de chaussettes, deux chemises, deux mouchoirs, un poncho imperméable, une paire de surbottes étanches, un sac à pain, un sac à dos, une gourde avec son gobelet, une gamelle avec couverts.

L'hiver : un manteau, un pullover, une paire de gants et un brassard du parti.

En zone d'opération : un casque et un masque à gaz.

Nous allons parcourir maintenant les 1200 kilomètres de côte que compte la Bretagne, afin de découvrir de nombreux vestiges du mur de l'Atlantique non traités dans l'ouvrage précédent. En suivant cet itinéraire, vous pourrez également découvrir des endroits magnifiques en dehors des sites touristiques connus.

Cet homme des Shutzkommandos (commandos de protection) de l'O.T. monte la garde à l'entrée d'un camp de travailleurs. Il est armé d'un fusil Mauser G 98 datant de la Première Guerre mondiale. Coll. auteur.

Patte de col Mle 43 portée par les hommes de troupe et sous-officiers. Coll. auteur.

Décoration d'honneur du rempart allemand attribuée aux personnes qui ont travaillé à la réalisation des fortifications destinées à protéger le peuple allemand. Coll. auteur, reconstitution.

Cette casquette Mle 43 est ornée de l'insigne commémoratif de la construction du « Westwall » (mur de l'Ouest). Coll. auteur.

Rarissime casque de l'O.T. avec insigne Mle 43 distribué aux travailleurs se trouvant dans des zones particulièrement exposées ou aux hommes des commandos de protection. Coll. auteur.

Ille-et-Vilaine

FORTERESSE DE SAINT-MALO

De l'embouchure de Couesnon à celle du Frémur, l'Ille-et-Vilaine développe environ 60 kilomètres de côtes inégalement défendues. En effet, la baie du Mont-Saint-Michel n'a retenu que peu l'attention de l'O.T., les fortifications y sont rares face à un littoral envasé, impropre à toute opération amphibie d'envergure. Arrivent les défenses du port de Cancale et la position de la pointe du Grouin qui ont conservé leurs canons antichars de 50 mm. Le point fort de ce secteur côtier est la région de Saint-Malo, transformée en forteresse sur ordre de Hitler. Cinq gros points d'appui, toujours visibles de nos jours, méritent toute notre attention : la pointe de la Varde avec son fort de Vauban renforcé de casemates d'artillerie et de bunkers pour cloches blindées ; la montagne Saint-Joseph percée de galeries sous rocs qui abritaient le P.C. de la forteresse ; le fort de la cité d'Aleth transformé en mini-ligne Maginot ; l'île de Cézembre, véritable cimetière d'artillerie et la position de la Garde-Guérin, unique en son genre, avec son entrée pour véhicules desservant un réseau souterrain jusqu'aux soutes, casernements et postes de combat.

CITÉ D'ALETH

De Saint-Malo, suivre Saint-Servan-sur-Mer, puis Camping de la Cité d'Aleth.

Haut lieu du mur de l'Atlantique en Bretagne, le fort de la cité d'Aleth a conservé jusqu'à nos jours bon nombre de vestiges. Pas moins de sept cloches blindées, ravagées par des tirs tendus de l'artillerie américaine lors des combats d'août 1944, s'offrent à nos yeux. Un canon de 40 mm Bofors dans son encuvement et un ouvrage pour 47 mm Skoda encore armé contribuent à créer un ensemble unique en Bretagne.

Page de gauche :
Tourelle pour canon de 194 mm de la batterie de l'île de Cézembre en 1942, lors de son installation.
E.C.P.A.

Cette cloche blindée d'observation a été percée par des tirs de l'artillerie américaine lors des combats d'août 1944.

PLEURTUIT

Sur la rive droite du Frémur, rendu infranchissable par de vastes retenues d'eau, une série de points d'appui est érigée sur les hauteurs des berges. Pour interdire le Pont-Avet, point de passage obligé, l'O.T. a construit une casemate pour mitrailleuse et canon de 47 mm Skoda, rarement rencontrée sur nos côtes (R 642).

Ce tobrouk, surmonté d'une petite tourelle de char Renault F.T. 17, semble toujours contrôler l'accès au Pont-Avet sur le Frémur !

SAINT-LUNAIRE

A la batterie de D.C.A. de Ponctual, une plaque nous rappelle la date de construction de la position. « Année de guerre », « 20 septembre 1942. »

Du Port-Blanc à l'anse de Longchamp, s'échelonnent six points d'appui notables. Les défenses du Port-Blanc alignent une casemate pour canon antichar, trois tobrouks à mitrailleuse et un abri à personnel. Sur la pointe de Bellefard, une batterie d'artillerie de marine était prévue mais encore en chantier lors de la Libération, seuls quelques soutes à munitions, abri à personnel et ouvrage de défense rapprochée ont été terminés.

La grande plage de Saint-Lunaire est défendue par une casemate à mitrailleuse, installée dans la digue. La plage de Longchamp a bénéficié de trois points d'appui, dont le plus intéressant se compose de deux bunkers accolés : un pour canon antichar de 50 mm K.W.K. et l'autre abritait une mitrailleuse cuirassée. La D.C.A. n'est pas en reste, une batterie de Flak légère de 20 mm en encuvement sur abri soute est érigée en 1942 aux environs du bois de Ponthual. Une plaque gravée, « Année de guerre. 20 septembre 1942 », est toujours visible de nos jours, sur le mur d'un des abris.

DINARD

La commune de Dinard a été principalement fortifiée le long du littoral, seule une batterie d'artillerie de campagne a été érigée dans les terres près de la Ville-ès-Meniers.

Ce poste de commandement de batterie a été remblayé juste après la guerre et seule la cloche blindée d'observation affleure le sol dans un jardin public à la pointe de la Malouine.

A la pointe de la Vicomté, une casemate à deux embrasures pour canon antichar de 50 mm est accessible depuis le sentier côtier. Près de la pointe de la Malouine, une cloche blindée d'observation monte toujours la garde, face à la mer dans un jardin public.

La batterie de D.C.A. des Cognets, composée de cinq encuvements pourvus à l'époque de canons de 75 mm et deux autres équipés de pièces de 20 mm, mérite une visite des plus intéressantes. En effet, les niches à munitions des encuvements pour 75 mm renferment toujours leurs inscriptions concernant les projectiles et un abri à personnel présente sur ses murs des fresques inattendues.

LA BANDE DESSINÉE DU BUNKER DE DINARD

Dessinée sur les murs d'un abri de la batterie de D.C.A. des Cognets, cette véritable B.D., réalisée en février 1944, raconte la vie, les rêves et les préoccupations de l'équipe de pièce qui y vivait.

Vue partielle de la fresque murale de l'abri qui a été malheureusement inondé.

Je viens vous demander quelques patates pour les adjudants !

On n'en a pas ! Va t'en !

« Comme toujours ! »

Cher Yvonne !
Ta photo, je ne la porte que sur mon cœur.
Ton Otto.

Il y a toujours un fou !

Garde à vous !

On retrouve ici tous les sujets favoris de la troupe d'alors : l'avancement, l'ordinaire, le courrier, les femmes, les maisons closes, la belle-mère embarrassante et toujours les femmes !

Curieusement, il n'est aucunement question de politique, de patrie ni même de guerre.

Le rêve du soldat !
« Une femme pour laver le linge dans le bunker ! »

Boom !

Lors d'un périple à bord d'une vedette de la Kriegsmarine, Otto a eu le mal de mer !

La carrière militaire est une montagne qu'il faut gravir. Fritz aspire à être adjudant.

Richard ! Chérie ! Tu n'as pas 100 F pour le paradis ?

La belle-mère fait un pied de nez au soupirant qui la compare à un barrage antichar !

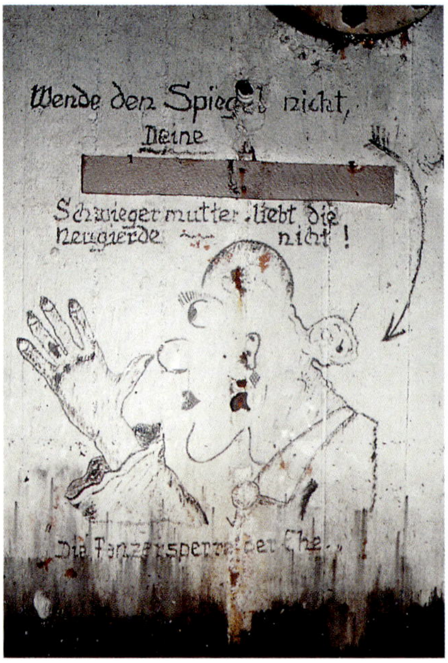

Où qu'on aille, on trouvera un pêcheur, même dans la Wehrmacht ! L'ange à gauche, comme dans un rêve, offre à Fritz les épaulettes d'adjudant tant désirées.

Devant une maison de tolérance. « Les filles ! Ouvrez la porte. »

Le rêve de Georges !

Côtes-d'Armor

DÉFENSE DES CÔTES-D'ARMOR

Peu de défenses ont été édifiées sur cette côte rocheuse, parfois coupée de falaises, se prêtant mal à un débarquement de grand style.

On y trouve quelques stations radars comme au cap Fréhel, Ploumanac'h, La Clarté ou Pléneuf, pour ne citer que les plus connues, et seuls quelques secteurs favorables ont été fortifiés.

On peut citer les baies de Saint-Brieuc, Morlaix et Lannion, pourvues de points d'appui plus ou moins conséquents. La seule batterie d'artillerie lourde du département se trouve à Plounez, près de Paimpol, qui était équipée de deux pièces de 203 mm sur voie ferrée.

Chargée de la défense du port de Saint-Malo, la batterie de Plounez pouvait croiser ses feux avec ceux de la batterie « Mirus » installée sur l'île de Guernesey.

Les ports de Perros-Guirec et Paimpol ou le secteur de Lézardrieux ont bénéficié quant à eux de défenses importantes.

Nombreux sont les bunkers toujours présents pour nous le prouver.

L'île de Bréhat n'a pas été épargnée. Une garnison forte de 29 artilleurs de marine sert quatre pièces de D.C.A. de 20 mm et une autre de 75 mm d'origine française en position de campagne.

PLÉNEUF VAL-ANDRÉ

La cloche blindée d'observation, idéalement située sur la hauteur de la pointe de Pléneuf, servait au réglage d'artillerie de la batterie de la Croix des Landes. La particularité de cette position est d'avoir deux casemates orientées vers la plage du Val-André, les deux autres battent la grève des Vallées.

Les quatre pièces de 155 mm sont d'origine française. De part et d'autre de la plage du Val-André, trois casemates (R 667) pour canon antichar de 50 mm KWK prennent la grève en enfilade.

Page de gauche :
Vue d'époque d'une des deux pièces d'artillerie lourde de 203 mm sur voie ferrée de la batterie de Plounez, près de Paimpol.
Bundesarchiv.

A la pointe de Pléneuf, bien nichée dans la végétation, subsiste encore cette cloche blindée d'observation.

Cette guérite en béton est un des rares vestiges encore visibles de la batterie de Plounez, aujourd'hui complètement engloutie dans une zone industrielle.

PAIMPOL

Le port de Paimpol est défendu par un point d'appui installé sur la pointe de Guilben. Trois casemates d'artillerie différentes équipées respectivement d'une pièce de 105 mm, d'un canon antichar de 75 mm et d'un autre de 50 mm, barrent l'entrée du petit port.

Un autre ouvrage, armé d'un 105 mm de campagne, prend sous son feu le secteur de Plouezec. L'ensemble est commandé par un bunker à cloche blindée périscopique. Plus au nord, sur la pointe de l'Arcouest, un poste de direction de tir secondaire est érigé au profit de la batterie lourde de Plounez (2 x 203 mm), équipé également d'un radar « Seetackt ».

LANNION

Pour protéger l'aérodrome de Lannion de toute attaque aérienne, une importante D.C.A. est mise en place par l'occupant.

Sur la pointe Servet, au Beg Leguer, une batterie de trois 40 mm Bofors en encuvement est implantée dans un remarquable paysage. Dans un des abris, subsiste toujours une cuve à eau potable du modèle réglementaire marquée « Drink Wasser ».

Dressée face à l'océan, cette position de D.C.A. située à la pointe de Beg Leguer faisait partie du dispositif de la défense aérienne de l'aérodrome de Lannion.

STATION DE RADIO-GUIDAGE DE SAINT-FIACRE

De Morlaix, suivre Lameur, puis direction Plougasnou.

Erigée près de Lameur pour l'aviation allemande, cette importante station de radioguidage codée K11 permettait de diriger les vagues de bombardiers opérant depuis les aérodromes bretons vers l'Angleterre jusqu'à leur objectif.

Fabriqué par la célèbre firme allemande Téléfunken, l'émetteur Knickebein (« patte cassée ») a une puissance de 50 watts pour une portée maximum de 500 kilomètres.

Les antennes émettrices forment un angle de 165° (d'où son nom), solidaires d'un chariot mobile sur un chemin de roulement circulaire de 45 mètres de diamètre. Un côté émet des signaux courts, l'autre, des longs, alternativement, de façon qu'ils se recoupent légèrement.

Les bombardiers de la Luftwaffe, grâce à des récepteurs, n'ont plus qu'à naviguer dans le sillage de l'intersection des deux faisceaux qui les mèneront exactement jusqu'à leur objectif.

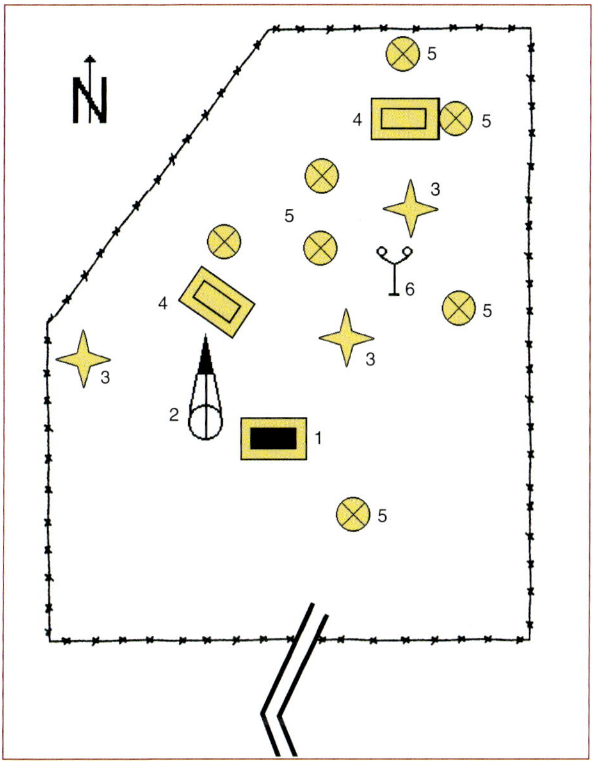

1 Abri usine électrique
2 Antenne pylône
3 Encuvement pour canon antiaérien de 20 mm
4 Abri à personnel
5 Tobrouk pour mitrailleuse
6 Appareil de repérage aérien par le son

Vue aérienne, prise juste après la guerre, de la station de Saint-Fiacre, encore équipée de son antenne pylône de 40 mètres de hauteur.
Service Historique de la Marine.

Façade de l'abri usine du Knickebein de Saint-Fiacre aujourd'hui. Remarquer le mur pare-éclats protégeant les ouvertures.

Vue d'un émetteur Knickebein (Klein) sur son chemin de roulement circulaire.
E.C.P.A.

Le système est alimenté en énergie électrique par un imposant bunker-usine, abritant : moteurs Diesel, alternateurs, appareils de transmission, etc., ainsi que les opérateurs sous une dalle de béton de 3 mètres d'épaisseur.

Devenu obsolète, ce matériel sera remplacé par un émetteur See-Elefant (Eléphant de mer) doté d'une antenne pylône de 40 mètres de hauteur.

L'abri-usine de la station de radioguidage de Saint-Fiacre vaut le détour, ce type de bunker est l'unique exemplaire construit en Bretagne. Il est aujourd'hui utilisé comme stand de tir.

Pour les inconditionnels de la guerre des ondes radioélectriques, non loin de Plougasnou, la Luftwaffe a installé un radar Mammut FuMO 52 sur un abri de construction spéciale (S.K.) tout à fait intéressant.

Au-dessus de la dalle de couverture, se dressent les cheminées destinées à l'aération de l'ouvrage.

Les parois des quatre ouvertures de l'abri usine ont conservé leur peinture de camouflage d'origine.

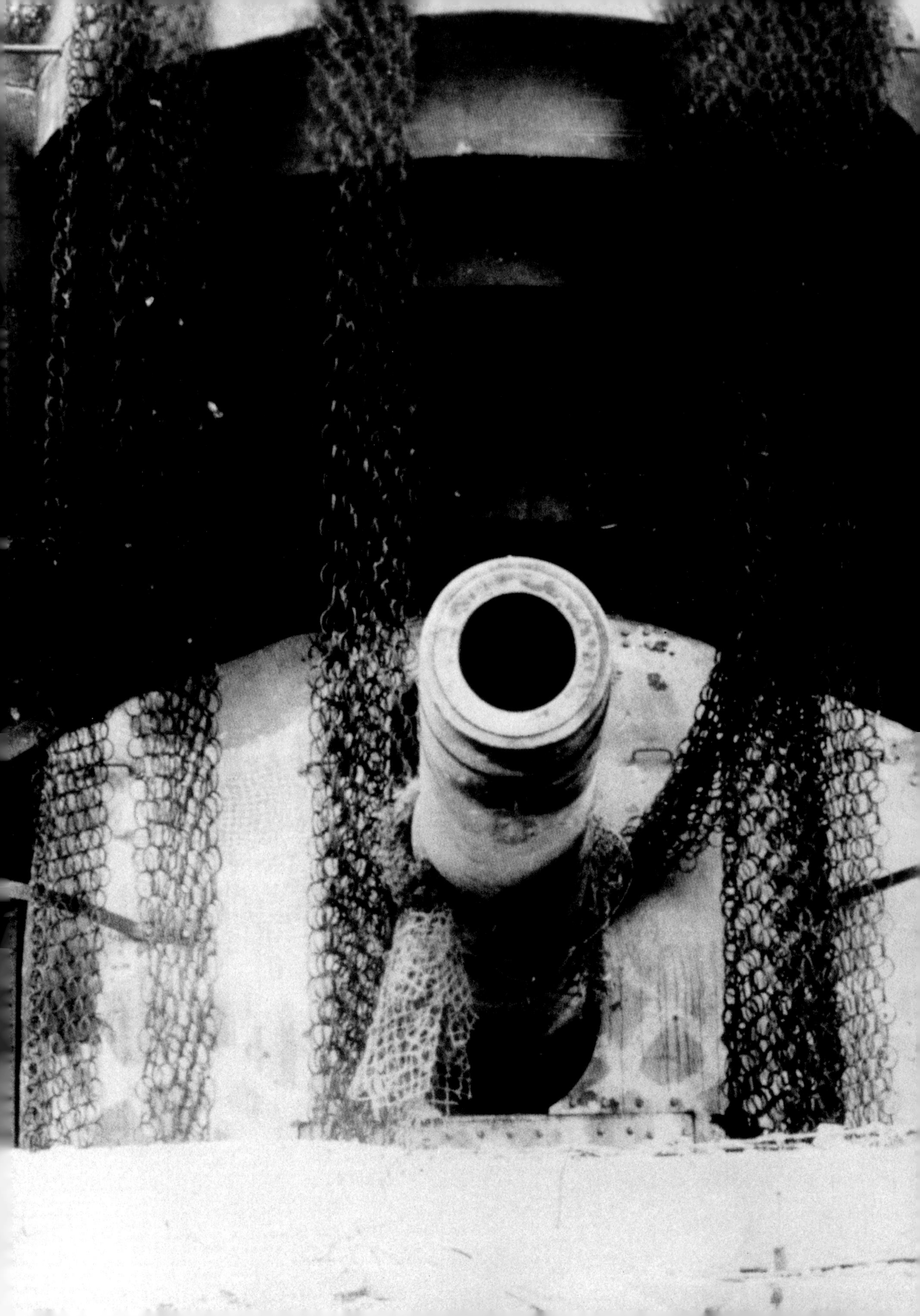

Finistère

FORTERESSE DE BREST

Afin de protéger l'arsenal et la base sous-marine, le secteur brestois a bénéficié au plus tôt d'un dispositif de défense air, mer et terre très étoffé. Côté Atlantique, deux batteries lourdes battent la mer d'Iroise face au Goulet : les quatre pièces de 280 mm de Kéringar, au nord, opèrent de concert avec celles de 220 mm de la batterie du Grand-Gouin près de Camaret. Pour interdire l'accès au Goulet, deux batteries moyennes croisent leurs feux : les Rospects, pourvue de canons de 150 mm Krüpp, avec ceux des quatre pièces de 164 mm sous casemates d'un type unique en Bretagne de la batterie de Kerbonn.

Tout le long du Goulet jusqu'à la rade, de nombreuses batteries de tout calibre se succèdent, servies par la marine ou l'armée de terre. Côté terre, une ligne de points d'appui en arc de cercle, épaulée par des fossés antichars et des champs de mines sont chargés de rendre difficile l'accès aux installations portuaires. La défense contre avions n'est pas en reste, elle déploie vingt batteries de flak lourdes d'un calibre allant de 75 à 128 mm et cela rien que pour la 3e brigade de D.C.A. de marine ! De nombreux vestiges de cette véritable forteresse subsistent encore de nos jours.

Page de gauche :
La pièce de 280 mm sous casemate de la batterie de Kéringar (Graf-Spee) en septembre 1944, après la bataille de Brest. U.S. Army.

Porspoder. Bouche à feu d'un canon de forteresse 47 mm Skoda. Outre le tube du canon, la rotule comprend un orifice pour l'optique de visée et un autre pour la mitrailleuse M.G. 37 de 7,92 mm.

POINTE DU PORTZIC

Ce promontoire rocheux, position stratégique dominant la rade de Brest, est le dernier bastion avant la base sous-marine. Trois batteries alignent dix bouches à feu sous casemates bétonnées. Un point d'appui lourd, articulé le long d'un fossé antichar, protège cet ensemble.

Nombreux sont les vestiges aujourd'hui. Des fresques murales ornent toujours les murs des bunkers pour qui saura les découvrir…

Dans un abri à personnel de la région du Portzic, est encore visible cette inscription guerrière « Combattre c'est vivre ».

Marquage d'instruction de tir de la casemate sud.

SAINT-PIERRE DE QUILBIGNON

A Brest, les fortifications allemandes, construites en périphérie, ont été rattrapées par l'urbanisation. Ainsi, est-on surpris de voir une casemate d'artillerie au beau milieu d'un jardin public ! La découverte d'une cloche blindée dans une cour d'immeuble est tout aussi inattendue.

Cette petite cloche blindée d'observation est miraculeusement restée en place au milieu de l'aire de jeux d'un quartier H.L.M. ! Pour des raisons de sécurité, le bunker a néanmoins été comblé.

DÉFENSE DU CONQUET

De part et d'autre du petit port du Conquet, l'armée allemande a implanté deux points d'appui importants, permettant la défense de ce secteur côtier jugé primordial pour la sécurité de Brest.

La pointe de Kermorvan a donc été transformée en véritable forteresse. Un nombre impressionnant de bunkers a été érigé : trois ouvrages pour cloches blindées à mitrailleuses, deux casemates SK armées de 105 mm et deux abris-garages pour canon antichar de 75 mm Pak 40 en sont les fleurons. Cette position pouvait interdire l'accès du port en croisant ses feux avec les ouvrages construits à la pointe du Renard, de l'autre côté du Conquet. Aujourd'hui, ces fortifications sont toujours en place, intégrées dans un cadre magnifique.

Cette cloche blindée, pour deux mitrailleuses M.G. 34, a été touchée à plusieurs reprises par des tirs de l'artillerie américaine lors des combats de septembre 1944 (R634).

A la pointe du Renard, la plaque d'acier protégeant la chambre de tir de la casemate pour canon de 37 mm a été épargnée par les ferrailleurs (R 505).

La casemate sud pour canon de 105 mm de la pointe de Kermorvan est implantée dans un environnement remarquable.

BATTERIE DE KÉRINGAR

Cette batterie lourde de marine, équipée de quatre pièces de 280 mm Krupp SKL/40, avait pour mission d'interdire l'approche de Brest à toute unité navale alliée. Ces canons pouvaient expédier des obus de 283 kilos à plus de 27 000 mètres.

Le poste de direction de tir de la batterie de Kéringar (Graf Spee) est le seul bunker de ce type construit en France (S 414 en A avec rajout d'un niveau souterrain). C'est un ouvrage de marine qui était chargé de diriger le tir de quatre canons de 280 mm.

FORT DE KÉRANROUX

Une atmosphère étrange vous envahit dès l'entrée de cet abri à personnel, comme si le temps s'était arrêté depuis 1944. En effet, ce bunker a conservé ses fresques murales, ses aménagements intérieurs et des objets d'époque jonchent encore le sol après plus d'un demi-siècle.

A droite :
Dès l'entrée de l'abri, on constate déjà que toutes les portes d'origine sont en place.

Au-dessus de la caponnière de défense est inscrit : « 5 minutes avant l'heure, c'est la ponctualité du soldat ! »

C'est sûrement l'un des ouvrages du mur de l'Atlantique les plus complets existant de nos jours. Malheureusement, ce blockhaus n'est pas visitable, il est difficile d'accès et situé dans une propriété privée.

Poêle de forteresse, lits rabattables, système de ventilation et appareils de transmission sont restés à leur place !

Les relais téléphoniques raccordant le bunker au réseau souterrain sont encore en très bon état.

Entre les bannettes de couchage, les occupants ont peint les paysages de leur région natale.

Vue d'un système complet de chauffage de blockhaus. Il s'agit d'un poêle W.T. 80 K fabriqué par la firme Hass & Sohn.

BASE SOUS-MARINE DE BREST

Suivre Entrée de l'Arsenal des « Quatre Pompes »

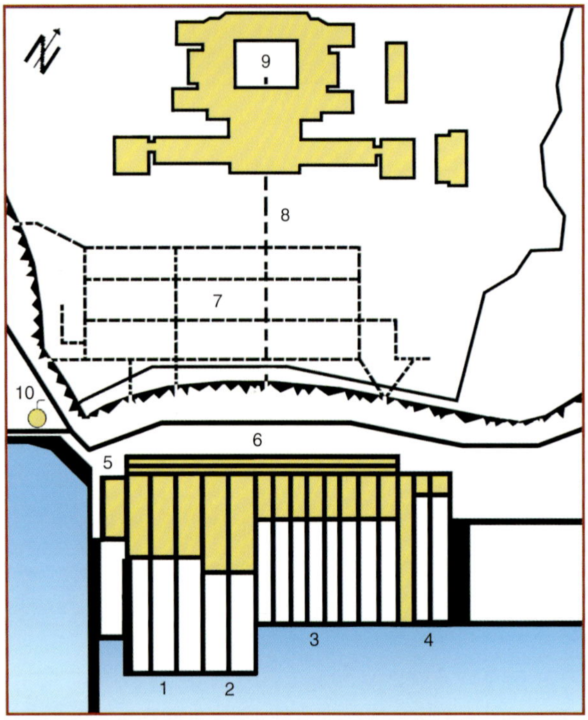

D.C.A.N. Brest

La construction de la base sous-marine des Quatre-Pompes, implantée au pied de l'Ecole navale, dura de 1941 à l'été 1942. 8458 ouvriers de l'O.T. participèrent aux travaux, encadrés par 489 responsables et ingénieurs des grandes firmes allemandes, telle l'entreprise Julius Berger.

Un va-et-vient ininterrompu de quelque 700 camions alimente le chantier en matériaux et cela 24 heures sur 24. Des équipes de nuit travaillent à la lueur des projecteurs.

1 Alvéoles à flot d'une longueur de 115 mètres
2 Alvéoles à flot d'une longueur de 96 mètres
3 Alvéoles asséchables d'une longueur de 96 mètres
4 Alvéoles asséchables d'une longueur de 115 mètres
5 Tour de défense rapprochée
6 Ateliers et services
7 Souterrains de stockage des torpilles
8 Souterrain reliant l'Ecole navale
9 Ecole navale
10 Tobrouk pour lance-flammes (64a)

Vue aérienne de la base sous-marine de Brest à la Libération. Malgré ses 6,20 mètres d'épaisseur, la dalle de couverture a été percée lors des bombardements d'août 1944.
Musée de la Résistance bretonne.

Chaque jour, une moyenne de 1000 mètres cubes de béton est coulée et certains jours des records de 4000 mètres cubes (9600 tonnes) sont atteints ! Ce bunker géant de 192 mètres de largeur, 332 mètres de longueur et 17 mètres de hauteur, nécessitera plus de 508 000 m^3 de béton ! En arrière des bassins sont aménagés : ateliers, bureaux, magasins, casernements, buanderie et une cuisine d'une capacité permettant la préparation de plus de 1000 repas par service. La dalle du toit, quant à elle, aligne 6,20 mètres maximum d'épaisseur. Trois encuvements pour canon de D.C.A. de 40 mm Bofors, commandé par une tour de direction de tir de 10 mètres de haut surmontée d'un radar Würzburg 39 T, couronnent la base. Une fois terminé avec ses quinze boxes, le U-Boot bunker de Brest pourra accueillir en relâche ou en réparation jusqu'à vingt sous-marins simultanément.

Entrée des alvéoles à flot A et B. Remarquer sur la dalle de couverture l'une des tours de D.C.A. assurant la protection aérienne.

Bloc abritant, à l'époque, l'atelier de chaudronnerie de réparations navales. Les voitures donnent l'échelle de l'ouvrage.

La porte blindée protégeant l'entrée principale n'est fermée qu'en cas d'alerte.

Entrée principale de la base des Quatre-Pompes en 1943, ornée de l'emblème du Reich et du slogan : « Par le combat, la victoire finale ».
Bundesarchiv.

Vue d'un des boxes pour deux sous-marins.

Les entrées des boxes D, E, 9 et 10 sont dotées de volets blindés de protection qui descendent au niveau des quais. Les alvéoles asséchables de 1 à 8 sont pourvues, elles, de volets doubles, seuls les boxes A, B et C n'offrent aucune protection en cas d'attaque aérienne à basse altitude.

Entre la base et l'Ecole navale, un réseau de galeries souterraines de plus de 1000 mètres servait de magasins, d'ateliers, de casernements et au stockage des torpilles. Un des souterrains débouchait dans la cour centrale de l'Ecole navale. Les réserves d'hydrocarbures sous béton sont enterrées sur la colline à l'ouest de la base.

La base sous-marine des Quatre-Pompes sera le port d'attache de la 1re U-Flottille venant de Kiel et de la 9e U-Flottille créée à Brest en 1941.

En 1943, commencent les travaux d'une extension de la base côté est. Il est prévu la construction de dix alvéoles supplémentaires capables de recevoir des U-Boote d'une nouvelle génération, de type XXI. En septembre 1944, les travaux de fouille, réalisés sur 130 mètres, représentent l'extraction de plus de 400 000 mètres cubes de terre et de roche, puis des parois sont coulées. Faute de moyens, ces travaux ne seront jamais terminés. A la reddition de la forteresse de Brest, il ne restait plus que 300 membres de l'O.T.

Cette même entrée aujourd'hui. Remarquer le rajout d'une casemate de défense rapprochée.

Dans une partie désaffectée de la base, on peut voir les vestiges des cuisines et la cambuse de l'époque.

Cette voie principale pour véhicules dessert les différents ateliers d'un bout à l'autre du bunker.

Les 1re et 9e Flottilles de sous-marins basés à Brest auront aussi leurs « as » dans la course au tonnage coulé dans l'Atlantique. On peut citer le capitaine de corvette Heinrich Lehmann-Willenbrock qui coula 25 navires, soit 183 223 tonneaux, ou le lieutenant de vaisseau Mützelburg qui, avec son U-203, torpilla 21 navires.

Cette véritable cathédrale de béton abritait l'atelier de chaudronnerie de réparations navales.

Les trous de plus de 5 mètres de diamètre provoqués par les bombes « Tallboy » sont toujours visibles de nos jours.

Blason de la 1re Flottille de sous-marins basée à Brest.

Insigne de la 9e Flottille de sous-marins basée à Brest.

Lors des bombardements d'août 1944, la R.A.F. lance trois attaques spéciales sur la base en utilisant cette fois des bombes de type « Tallboy ». Cette bombe, de 6,30 mètres de long pour un poids de 5,5 tonnes, doit être larguée à une altitude de 5000 à 6500 mètres. En arrivant sur l'objectif, elle atteint une vitesse supersonique lui permettant ainsi de pénétrer profondément le béton avant d'exploser. Des bombardiers Lancaster, du 617e Squadron de la Royal Air Force, sont aménagés pour recevoir la « Tallboy » et leurs équipages spécialement entraînés. Des vingt-six « Tallboy » larguées sur le bunker, neuf touchent la cible et cinq d'entre elles ont percé effectivement les 6,20 mètres de béton de la dalle de couverture. Cependant, les dégâts provoqués à l'intérieur du bunker sont peu importants. Les sous-marins, à l'abri dans leurs boxes, n'ont subi aucun dommage.

La structure antibombe protégeant la dalle de couverture du bunker n'a pu être achevée avant la fin de la guerre. Seule la zone du toit située au-dessus des ateliers en a été pourvue.

Ces bombes géantes ont néanmoins gravement endommagé la structure du grand bunker.

De nos jours, la base sous-marine de Brest est toujours en activité avec accès réglementé. De la corniche surplombant l'arsenal, on peut cependant observer la dalle de couverture ainsi que la façade arrière. Face à la porte des Quatre-Pompes, dans les broussailles, ne pas manquer le rare tobrouk pour lance-flammes qui défendait l'entrée de la base.

Une petite parenthèse concernant l'arme sous-marine allemande. La Kriegsmarine a reçu 1170 sous-marins dont 630 ont été envoyés par le fond et 123 détruits dans un port. Les sous-mariniers ont payé un lourd tribut à cette guerre puisque sur 39 000 hommes engagés dans la bataille, 32 000 périrent en mer.

Cette photo prise par l'U.S. Army fin septembre 1944 nous montre l'impressionnant trou percé par une « Tallboy » dans l'alvéole E.

Musée de la Résistance bretonne.

POINT D'APPUI OLBERG

Le point d'appui Olberg fait partie de la ligne de défense rapprochée de la base sous-marine des Quatre-Pompes. A ce titre, il a été doté des ouvrages bétonnés les plus sophistiqués. Les bunkers, pour la plupart dotés de cloches ou plaques de blindage, sont répartis sur une colline qui domine l'accès ouest de la base sous-marine. Canons antichars, mortier et mitrailleuses croisent leurs feux avec ceux du point d'appui Marineschule, afin de rendre infranchissables les derniers mètres face au grand bunker.

Servie par la 6e compagnie de forteresse, la position sera pourtant prise d'assaut le 18 septembre 1944 par des éléments de la célèbre 29e division d'infanterie américaine, débarquée à Omaha Beach le 6 juin, au prix de lourdes pertes.

Relevé actuel.

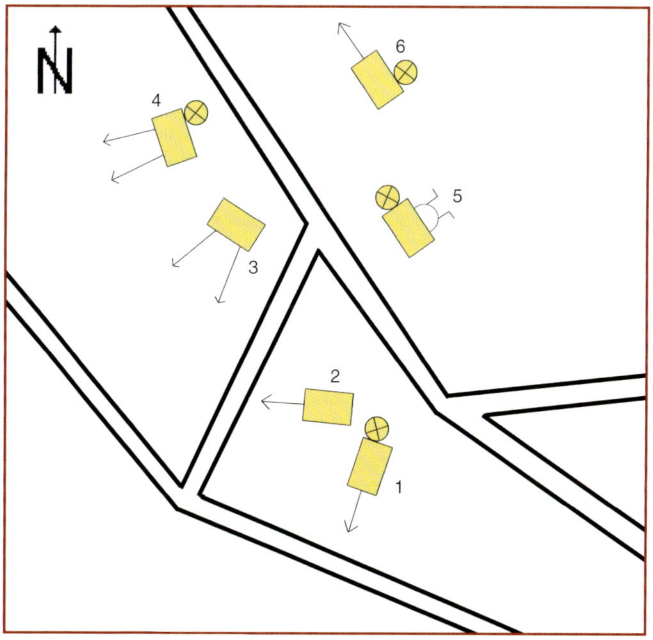

1 Casemate pour mitrailleuse sous cloche blindée (R 648)
2 Casemate pour mitrailleuse sous blindage (R 515)
3 Casemate pour canon antichar de 75 mm (R 680)
4 Casemate pour canon antichar de 75 mm sous blindage (R 626)
5 Casemate pour mortier automatique M. 19 de 50 mm (R 633)
6 Casemate pour mitrailleuse sous blindage (R 620).

CASEMATE POUR CANON ANTICHAR DE 75 mm AVEC TOIT BLINDÉ (R 626).

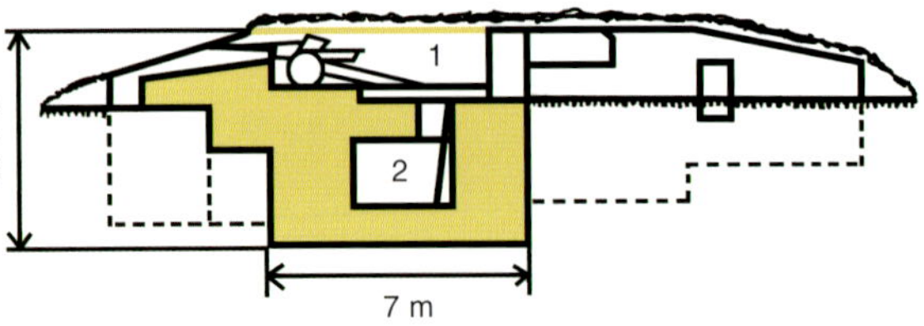

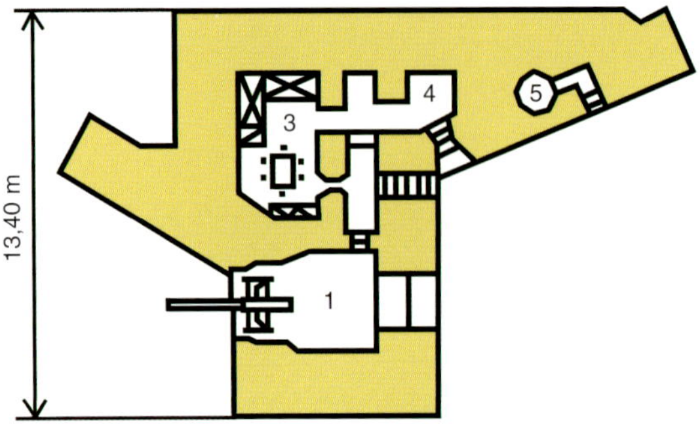

1. Chambre de tir.
2. Soute à munitions.
3. Logement à personnel.
4. Créneau de défense rapprochée.
5. «Tobrouk» pour mitrailleuse.

L'ouvrage nécessitait :
Terrassement : 1 300 m^3.
Béton : 625 m^3.
Fer à béton : 32 tonnes.
Effectif : 6 hommes.

Mission : Interdire le débouché des chars de combat d'un passage obligé. La plaque de blindage composant le toit permet d'abaisser considérablement la hauteur de l'ouvrage, offrant ainsi une cible difficile à atteindre.

Issu du programme de construction de la série 600, ce type de casemate exige énormément de matériaux et d'acier.

Très coûteuse, on ne la rencontre exclusivement que sur les points de défense névralgiques ou stratégiques, telles les forteresses ou les bases sous-marines.

Casemate pour mitrailleuse M.G. 34 à rotule blindée prenant en enfilade un des accès à la base sous-marine.

Vue de l'énorme plaque de blindage protégeant le canon antichar de 75 mm. Ce type de bunker, non ferraillé après la guerre, est devenu très rare aujourd'hui.

CASEMATE POUR MORTIER AUTOMATIQUE M 19 (R 633)

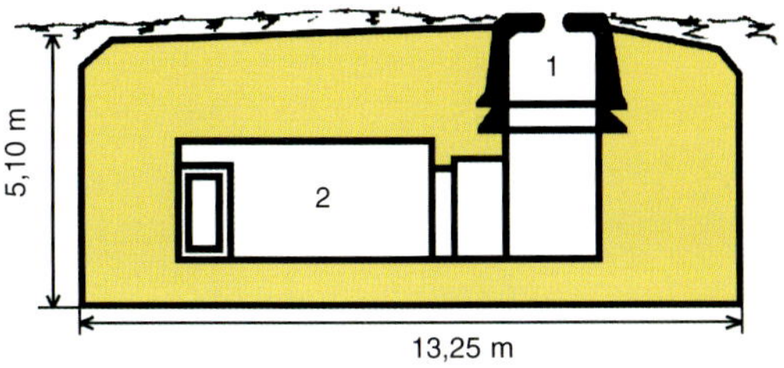

1. Cloche blindée pour mortier.
2. Soute à munitions.

Mission :
Tir courbe
contre l'infanterie
Calibre : 50 mm.
Portée : 600 mm sur 360°.

Cadence de tir :
120 coups/min.max.
Personnel : 9 hommes.

L'ouvrage nécessitait :
Terrassement : 1 900 m^3.
Béton : 845 m^3.
Fer à béton : 40 tonnes.

La casemate pour mortier automatique M 19 est toujours utilisée en coopération avec des bunkers à mitrailleuse cuirassée. La tactique consiste à saturer la zone des combats d'une véritable pluie de projectiles de 50 mm destinée à déloger l'infanterie qui est alors fauchée par le tir croisé des mitrailleuses. Bien que la cloche blindée pour M 19 soit dotée d'un petit périscope panoramique, une liaison avec un abri d'observation et réglage d'artillerie lui est nécessaire pour pouvoir ajuster son tir. En effet, ce type d'ouvrage à tir courbe est souvent installé à contre-pente et au ras du sol de manière à le rendre intouchable. Seule l'aviation peut en venir à bout. La casemate pour M 19 est uniquement réservée aux endroits importants et aujourd'hui, seuls trois exemplaires subsistent encore en Bretagne.

De nos jours, le point d'appui Olberg est partagé entre terrain militaire et propriété privée.

Dans le puits de cloche, vue de la trappe d'accès au mortier M 19.

Pièce maîtresse du point d'appui Olberg, la cloche blindée du mortier M 19 a été sabotée par les servants avant leur reddition. La platine rotative de la pièce a été projetée juste à côté de son logement.

Plaque de fabrique du système électrique.

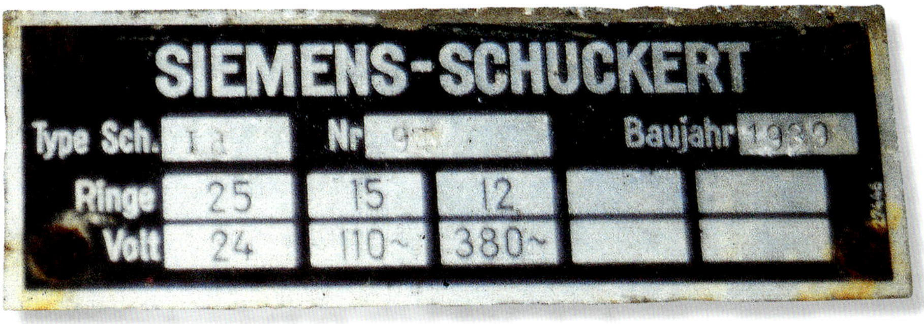

POINT D'APPUI MARINESCHULE

Dernier bastion du dispositif de la défense rapprochée de l'abri à sous-marins, ce point d'appui lourd avait été doté d'un nombre impressionnant de bunkers à cloche blindée. Les perles rares de cette position sont sûrement les deux ouvrages pour obusier léger de 105 mm sous cloche. En effet, ce type de blockhaus (R 664) abrite l'un des matériels les plus méconnus en matière de fortification allemande. Erigé à seulement quatre exemplaires sur la totalité du mur de l'Atlantique en France, la construction d'un tel abri requiert 6000 tonnes de béton armé par 110 tonnes de fer rond. La cloche blindée protégeant l'obusier atteint un poids record de 100 tonnes. Dans la chambre de tir, l'obusier est incliné par les servants afin de régler la portée de 300 à 6000 mètres. L'autonomie de feu est importante puisque 200 projectiles sont stockés dans des casiers en bas du puits de cloche et 1000 autres dans une soute contiguë à ce puits. Les munitions sont de deux types : explosifs et fumigènes. La direction du tir est assurée par un bunker à cloche blindée d'observation installé au nord-ouest de l'Ecole navale. Il est à noter que ce poste de commandement prend également à sa charge la conduite de tir du mortier de 50 mm M 19 situé

La cloche blindée pour obusier de 105 mm fabriquée par la firme Rheinmetall pèse 100 tonnes !

CASEMATE POUR OBUSIER LEGER DE 105 MM SOUS CLOCHE (R 664)

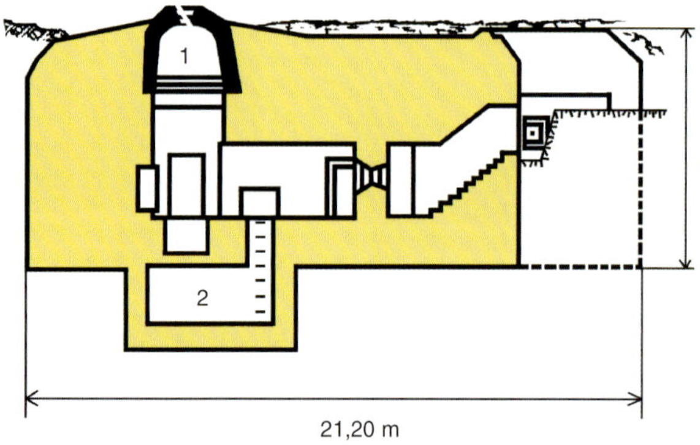

1. Cloche blindée pour obusier.
2. Soute à douilles.

Calibre : 105 mm.
Portée : 6 000 m sur 360°.
Cadence de tir : de 8 à 10 coups/min.
Personnel : 9 hommes.
Mission : tir courbe contre l'infanterie.

L'ouvrage nécessitait :
terrassement : 5 700 m^3.
Béton : 2 500 m^3.
Fer à béton : 110 tonnes.

au point d'appui Olberg, distant de quelques centaines de mètres. Avec une cadence de tir de 8 à 10 coups par minute possible sur 360°, le bunker type R 664 est un des plus redoutables que peut rencontrer l'infanterie américaine.

Un rapport du Département de la guerre des Etats-Unis affirme que les fortifications ceinturant la ville de Brest sont les meilleures que les Allemands aient jamais construites.

Il aura fallu l'engagement de trois divisions d'infanterie américaines : la 2e, 8e et 29e, de la 6e division blindée, la Task Force A, et des 2e et 6e bataillons de Rangers, appuyés par

Détails de la platine rotative de la pièce de 105 mm. L'orifice de droite permettait le montage d'un périscope et de celui du centre émergeait la bouche à feu.

Le toboggan de descente des douilles, jusqu'à la soute, est encore saturé par les tirs de septembre 1944 lors de l'assaut des troupes américaines.

Dans le puits de cloche, l'échelle métallique donne accès à la chambre de tir.

En cas d'alerte, l'air venant de l'extérieur est purifié par ce filtre « Auer » assurant un débit de 10 mètres cubes par minute.

Taillé dans le roc, ce tunnel mène aux casernements.

Les chambres pour la troupe sont encore équipées de leurs lits rabattables.

d'importantes forces aériennes, pour venir à bout de la forteresse de Brest.

Après trois semaines de combats acharnés, les forces armées américaines ont perdu un total de 9831 hommes. Les pertes allemandes seraient de 9000 morts et 38 000 prisonniers...

Durant cette effroyable bataille, 15 000 tonnes de bombes ont été larguées par l'U.S.A.A.F., près de 2 000 000 d'obus de tous calibres ont été tirés par l'artillerie américaine, les tirs de l'armée allemande n'ont pu être comptabilisés, ont fait de Brest un véritable champ de ruines !

Depuis la soute à douilles du bunker sud, on accède à un important réseau souterrain qui dessert les

Puits de descente vers le réseau souterrain.

casernements, les entrepôts de vivres et de munitions, et divers postes de combat. Ces ouvrages ne sont pas accessibles aux visiteurs puisque situés en terrain militaire de la Marine nationale. Quant au restant de la position, il a été anéanti lors de la reconstruction de la ville de Brest.

PRESQU'ÎLE DE CROZON

La presqu'île de Crozon, organisée par les Allemands en forteresse autonome, constitue l'ensemble sud des défenses de Brest.

Au bas des falaises des pointes Robert et de Cornouaille, l'O.T. a réalisé le tour de force de construire deux casemates équipées de tubes lance-torpilles TR 53,3 avec soute attenante creusée dans le roc. Installé au ras des flots et surmonté d'un petit poste de direction de tir, seul le Goulet de Brest a bénéficié de ce type d'armement sur les côtes françaises.

Particulièrement camouflées, les casemates ont été complètement intégrées à la falaise à l'aide de roches environnantes scellées sur le béton.

Aujourd'hui, ces installations sont très difficiles d'accès par la côte.

Néanmoins, il est tout à fait possible de les observer depuis la vedette qui assure la visite commentée du Goulet.

Pour défendre la plage de l'Aber, l'O.T. a construit cet encuvement pour canon de 50 mm K.W.K. à flanc de falaise.

A la batterie Kerbonn, entrée principale de la soute à munitions.

CAMARET

Le célèbre petit port breton est défendu par quatre bunkers d'artillerie situés de part et d'autre de l'anse de Camaret. La proximité de la batterie lourde du Grand-Gouin peut laisser craindre une opération de commando. A l'ouest de Camaret, près de Kerbonn, une batterie de 164 mm est aussi un élément majeur du dispositif de la défense de Brest. Actuellement, toutes ces fortifications sont toujours présentes, facilement visitables et de plus d'un grand intérêt.

Dressé vers le large, cet obstacle de plage semble toujours attendre l'invasion ! Les poutres sont gravées : O.T. 29/4/44.

SAINTE-ANNE-LA-PALUE

De la pointe de Tréfuntec à l'île Salgren, des obstacles de plage sont régulièrement découverts puis disparaissent au gré des fortes marées et tempêtes hivernales.

DÉFENSE DU FINISTÈRE SUD

Passé les défenses de la forteresse de Brest, les points d'appui deviennent plus clairsemés, voire fragiles. Les ports de Douarnenez et d'Audierne sont néanmoins protégés par de solides points fortifiés. Pour défendre la baie d'Audierne, trois batteries de l'armée de terre ont été installées sous casemates dans l'arrière-pays. Ne pas manquer les ouvrages du concasseur de Tréguenec, unique sur le mur de l'Atlantique.

Ce concasseur de galets alimentait en graviers les nombreux chantiers de l'O.T. de Brest jusqu'à Lorient. A la pointe de Beg-Meil, un abri à cloche blindée d'observation monte toujours la garde, entretenu par la marine. Le port de Concarneau a conservé ses défenses bétonnées, notamment à la pointe du Cabellou où un bunker à cloche blindée pour mitrailleuses émerge dans le parc d'une résidence de vacances.

STATION RADAR DE LA POINTE DU RAZ

De Quimper, suivre Audierne, puis Pointe du Raz

Située à l'extrémité ouest de l'Europe, la pointe du Raz a été judicieusement choisie par l'aviation allemande pour y installer une station de détection radar lourde. Sur la hauteur de Lescoff, se dresse le plus imposant de ces appareils, un radar de type « Mammut Fu MO 52 ». L'antenne, qui ne mesure pas moins de 15 mètres de hauteur sur 30 mètres de largeur, était capable de détecter une formation d'avions à 300 kilomètres.

Sur la côte sauvage de la baie de Douarnenez, ce bunker pour canon de 50 mm K.W.K. 39 prenait en enfilade une petite plage, propice à une opération de commando.

Sur la hauteur de Lescoff, on peut toujours visiter l'abri radar du Mammut. Remarquer les deux blocs de béton protégeant le câblage de l'antenne.

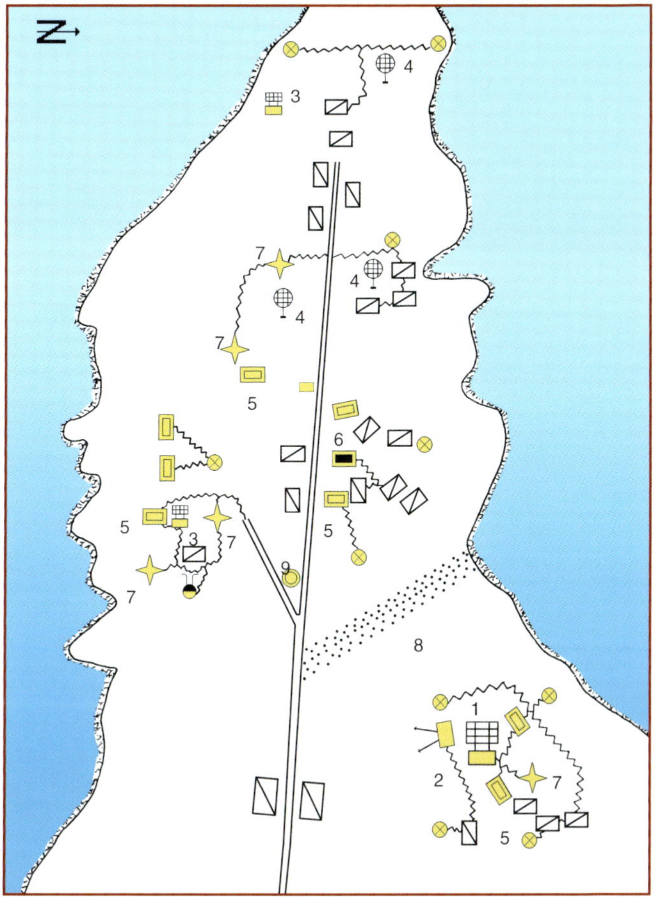

1 Abri radar Mammut (L 485 long)
2 Casemate pour canon antichar de 50 mm K.W.K. (R667)
3 Encuvement pour radar « Freya »
4 Assise pour radar « Würzburg Riese »
5 Abri à personnel
6 Poste de commandement à deux niveaux « Anton » (L 479)
7 Encuvement pour canon antiaérien de 20 mm
8 Champ de mines
9 Encuvement pour canon antichar de 50 mm K.W.K

ABRI RADAR (L 485 LONG) POUR MAMMUT FUMO 52 CAESAR.

1. Descente d'antenne.
2. Sas.
3. Compensateur.
4. Salle d'exploitation.
5. Ventilation.
6. Caponnière.
7. Chaufferie.
8. Salle des machines.
9. Chambre de veille.
10. Refroidisseur.
11. Transformateur.

Assise bétonnée pour radar « Würzburg Riese ».

La pointe est transformée en un véritable nid de radars. On compte deux appareils de type « Freya » d'une capacité de détection de 200 kilomètres et trois radars paraboliques de type « Würzburg Riese » d'une portée de 60 kilomètres. A chaque intrusion de l'aviation alliée, le bunker de commandement à deux étages « Anton » se charge de mettre en alerte les bases aériennes et batteries de D.C.A. concernées. Ces précieuses installations sont protégées par une ceinture de « tobrouks » pour mitrailleuses, quatre canons de D.C.A. de 20 mm et divers canons antichars, mortier, etc.

Tout le long de la côte bretonne, l'aviation et la marine allemande ont installé des stations radars de veille permettant de déceler toute attaque alliée.

Cet encuvement protégeait la cabine d'un radar « Freya ».

Dans la lande en fleurs, entrée d'un abri à personnel construit au ras du sol.

Vue prise en 1946 de la carcasse du radar « Würzburg Riese » situé à l'extrémité de la pointe du Raz.
Musée de la Résistance bretonne.

En constant développement durant la Seconde Guerre mondiale, le principe du radar, fondé sur l'émission de faisceaux d'ondes radioélectriques qui après réflexion contre un obstacle retournent vers un récepteur, sera couplé à un dispositif I.F.F. distinguant automatiquement les avions amis ou ennemis ! Les Alliés réussiront à s'emparer d'un radar allemand Würzburg à la station de Bruneval lors d'une opération de commando. Après une étude approfondie de cet appareil, ils brouilleront la détection allemande grâce aux largages de milliers de bandes de papier d'aluminium par les bombardiers avant de changer de cap. Rapidement, les ingénieurs de Siemens et Téléfunken trouveront la parade afin de rendre les appareils opérationnels début 1944 (détections multifréquences).

Aujourd'hui, la station est visitable et dans un blockhaus aménagé par la D.D.E. du Finistère, des explications très détaillées sur le site sont présentées aux visiteurs..

Photo d'usine d'un radar « Freya » du même type que ceux qui équipaient la pointe du Raz.
Musée de la Résistance bretonne.

Pour interdire l'entrée du port, l'O.T. a curieusement superposé deux ouvrages différents pour canon de 47 mm Skoda.

AUDIERNE

Les ouvrages de Lézongar et Lézarouan semblent toujours défendre le port d'Audierne. De nombreuses fresques et inscriptions murales sont encore à découvrir par les plus tenaces dans des abris engloutis par la végétation...

PONT-L'ABBÉ

Les côtes du pays bigouden n'ont pas été épargnées par les bâtisseurs de blockhaus de l'O.T. Pour interdire l'embouchure de la rivière de Pont-l'Abbé, deux nids de résistance sont organisés : à l'extrémité sud de l'île Chevalier, et au château de Langoz près de Loctudy.

BEG-MEIL

Face à la pointe du Cabellou largement fortifiée, le point d'appui de Beg-Meil verrouille la baie de la Fôret afin de protéger Concarneau. Ces deux points d'appui ont la particularité d'avoir conservé chacun une cloche blindée : une d'observation pour Beg-Meil et une à mitrailleuse à six embrasures pour le Cabellou.

BÉNODET

Lors de travaux de voirie, non loin du casino, les services techniques de la Ville ont mis au jour, par hasard, l'entrée d'un abri à personnel comblé depuis la fin de la guerre. Ce petit blockhaus pour dix hommes faisait partie du dispositif de défense de l'anse de Bénodet.

Grâce à la compréhension du responsable des services techniques, j'ai pu photographier les nombreuses inscriptions que renfermait ce bunker, juste avant que l'entrée ne soit comblée définitivement.

Comblé depuis la Libération, l'accès à l'abri de Bénodet ne sera possible qu'avec l'aide d'une gannivelle en guise d'échelle.

Sur la petite île Chevalier, au centre d'un point d'appui, cette tour de guet permettait de surveiller l'embouchure de la rivière de Pont-l'Abbé.

Après les prises de vues, l'entrée de l'abri sera comblée définitivement.

Près du sémaphore de Beg-Meil, la cloche blindée d'observation de cet abri (R 502) avait pour mission de régler le tir d'un mortier de 80 mm situé à contre-pente.

A l'endroit où se trouvait le râtelier d'armes, consigne pour la garde : « Fusil chargé et en sûreté ».

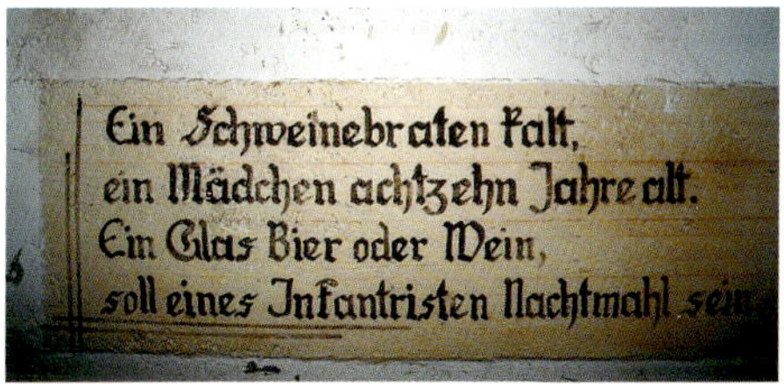

« Un rôti de porc froid, une fille de dix-huit ans. Un verre de bière ou de vin, ainsi doit être le dîner d'un fantassin. »

« Certaines filles pensent sans aucun doute que les soldats sont de vrais diables. Pensent parfois aussi, secrètement, qu'un de ces diables vienne la chercher. »

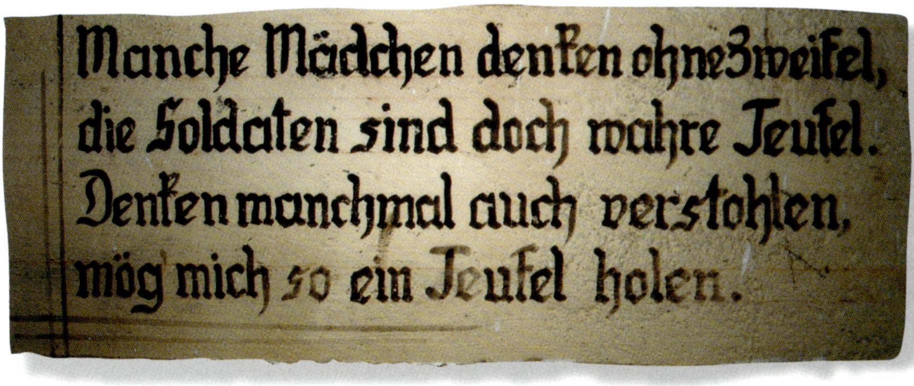

Au-dessus de la porte : « Le Führer ordonne, nous obéissons. » La crainte du soldat du front : « Quand je monte la garde et fais les cent pas, je pense à toi, ma cher femme. Je me demande s'il n'y a pas quelqu'un d'autre couché sur ton corps, au milieu de la nuit, qui te fait des enfants à ma place. »

La tourelle de char Renault R 35 de Kersecol mérite un détour. Elle est le seul exemplaire en place sur son tobrouk connu en Bretagne.

PORT DE MERRIEN

Présentée dans l'ouvrage précédent, lors de sa remise en place, la tourelle de char R. 35 de Kersecol se porte bien. En effet, la commune de Moëlan-sur-Mer a depuis parfaitement mis le site en valeur. La pluie et les fonds de pantalons des promeneurs ont fait le reste ! Je n'ai pu résister à vous la présenter telle qu'elle est aujourd'hui.

Morbihan

FORTERESSE DE LORIENT

Dès juillet 1940, les premiers sous-marins allemands viennent se ravitailler au port de Lorient que la Kriegsmarine souhaite déjà aménager en base navale. 1941 voit la construction des deux bunkers cathédrales et de la petite base sous-marine du Scorff. Débutent ensuite les travaux du bloc I de la base de Kéroman et quelques mois plus tard, commence la construction du second bloc K II suivi du bloc à flot de K III. C'est le plus important complexe de réparation et maintenance pour sous-marins jamais réalisé durant la Seconde Guerre mondiale. De telles installations exigent une défense efficace et près de 600 blockhaus de tous types sont construits dans la région lorientaise. A la libération de la Bretagne, les troupes allemandes encerclées dans la poche de Lorient résistèrent durant 9 mois de siège. Aujourd'hui, la base sous-marine de Kéroman est visitable et les nombreux vestiges du mur de l'Atlantique toujours présents font du pays de Lorient un véritable paradis des bunkers-archéologues !

BATTERIE DE LOCQUELTAS

Erigée en partie sur la base d'un fort français construit en 1882, la batterie moyenne de Locqueltas avait pour mission d'interdire l'accès de la passe sud au port de Lorient.

Page de gauche :
Ce canon de 340 mm sur voie ferrée de la batterie du Bégot effectue un tir d'exercice vers le large.
Musée de la Résistance bretonne.

Cette casemate d'artillerie de marine (M 270) abritait un canon de 164 mm d'origine française. La mission de cette batterie moyenne était de barrer l'entrée sud du port de Lorient.

Pour ce faire, quatre casemates d'artillerie de marine M 270 sont armées de pièces de 164 mm d'origine française. Le poste de direction de tir, construit au beau milieu du réduit français, abrite comme à l'accoutumée : télémètre, calculateur de tir et appareil de transmission des données. Pas moins de 130 artilleurs de marine seront nécessaires au bon fonctionnement de la batterie.

LANN-BIHOUÉ

La construction de la base aérienne de Kerlin-Bastard débutera en mars 1941. De dimension imposante, plus de 4000 mètres de pistes bétonnées sont réalisés par 17 000 ouvriers de l'O.T. en partie recrutés sur place. Les ateliers de l'organisation Todt sont installés au « Resto » et cent baraques sont érigées pour loger le personnel. La Luftwaffe prendra livraison de la base dès le mois de mai 1942.

Durant les travaux d'aménagement de l'aérodrome, ce tunnel souterrain servait d'abri antiaérien, de casernement et de stockage à l'Organisation Todt.

LOCMIQUEL

A la cote 40, non loin du village de Locmiquel, le point de vue s'étend sur toute la côte environnante.

Surmontant le poste de commandement de la « Cote 40 », cette tourelle blindée d'observation périscopique a été épargnée par les ferrailleurs après la guerre.

Les Allemands en profiteront pour y installer un point d'appui de type lourd. Dix-neuf bunkers sont érigés sur la colline et en contrebas par les bâtisseurs de l'O.T. Aujourd'hui, ces ouvrages ont été ferraillés et seule la cloche blindée du poste de commandement a été épargnée par les prédateurs d'acier d'après-guerre.

BUNKER SANITAIRE DE LA BASE DE LANN-BIHOUÉ

Dans le programme d'aménagement du mur de l'Atlantique, l'armée allemande a prévu divers types de blockhaus sanitaires. Ces ouvrages, suivant leur importance, allaient du centre de soins pour blessés légers jusqu'aux infirmeries lourdes. Capable d'accueillir 20 blessés graves, soignés par deux officiers médecins et quatre infirmiers, le bunker sanitaire de la base aérienne de Lann-Bihoué est un exemple de type lourd à deux niveaux, très bien conservé.

Les installations électriques, de chauffage central, de ventilation ainsi que l'isolation des murs sont toujours présentes.

Lavabo, radiateur de chauffage central et isolation en Isorel meublent toujours les chambres des patients.

GRAND BUNKER SANITAIRE (R 118 b).

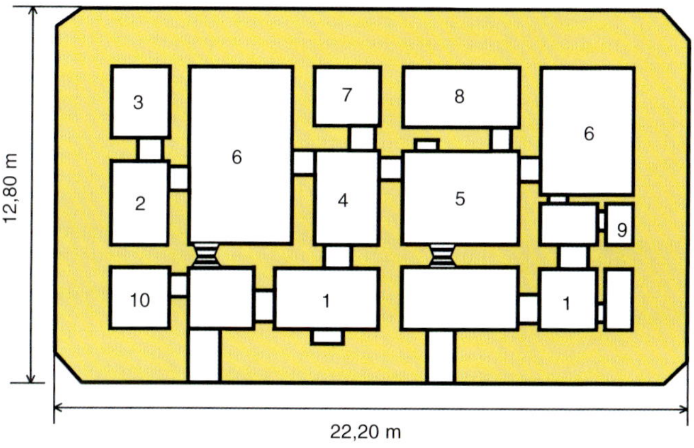

1. Sas anti-gaz.
2. Citerne d'eau.
3. Réserve.
4. Admission des patients.
5. Salle des soins.
6. Chambre des patients
7. Chambre des officiers médecins.
8. Chambre des infirmiers.
9. Douches.
10. Niche de ventilation.

Effectif : 6 hommes.

Inexistantes dans les abris à personnel, l'installation de toilettes a été prévue pour le confort des patients.

La salle de soins, pour des raisons d'isolation, a été entièrement lambrissée.

Malheureusement, ce bunker sanitaire, dans un état de conservation exceptionnel, n'est pas visitable puisqu'il est situé en terrain militaire.

Un des ventilateurs de 10 mètres cubes/minute du système d'aération de l'ouvrage. Il fonctionne toujours parfaitement !

La chaufferie équipée de sa chaudière, pourvue de sa réserve de charbon, semble pouvoir reprendre immédiatement du service !

BASE SOUS-MARINE DU SCORFF

Construit en 1941 par l'O.T. et la firme Brand, l'abri à sous-marins du Scorff fait partie de la première phase des travaux d'aménagement de la base navale de Lorient. Implanté sur la rive gauche du Scorff, le bunker mesure 145 mètres de long, 51 mètres de large et 15 mètres de haut. Il comporte deux box, pouvant abriter chacun deux sous-marins en maintenance, protégés par une dalle de couverture de 3,5 mètres d'épaisseur.

Cette réalisation aura nécessité 61 900 mètres cubes de béton, soit plus de 148 000 tonnes !

Fin 1941, achèvement des travaux de construction de la base du Scorff. Remarquer la tour frontale où sera installé un canon de D.C.A. de 40 mm Bofors.

Musée de la Résistance bretonne.

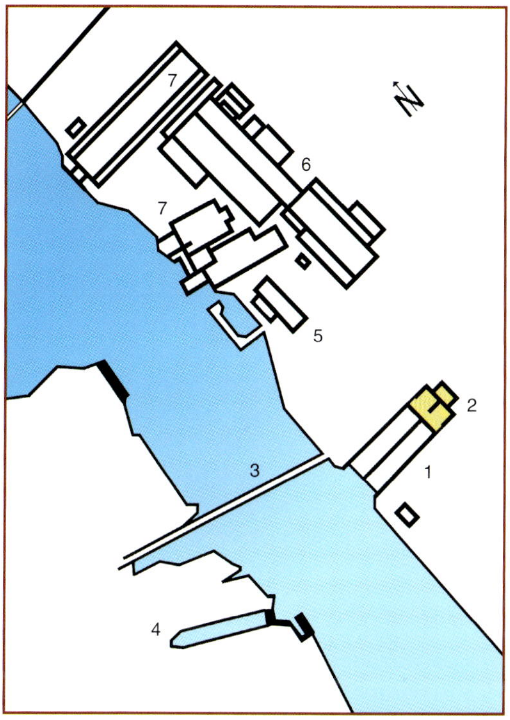

1 Base du Scorff
Alvéoles à flot de 99,5 mètres de long sur 17,5 mètres de large
2 Ateliers et magasins
3 Pont levant
4 Cale sèche
5 Atelier torpilles
6 Ateliers de chaudronnerie
7 Dock de construction navale

Entrées des alvéoles de la base du Scorff.

Accès extérieur à la dalle de couverture.

En arrière des bassins, se trouvent : ateliers, magasins, logements, etc., desservis par un passage transversal équipé d'une ligne de chemin de fer. Sur la dalle de couverture, un encuvement pour canon de 40 mm Bofors assure la défense antiaérienne rapprochée.

Aujourd'hui, les sous-marins ont disparu de la base du Scorff et les bassins sont dans le noir. Elle sert désormais de magasin de stockage à la D.C.N. de Lorient.

Vue d'une des entrées desservant les ateliers de la base, équipée d'une voie de chemin de fer.

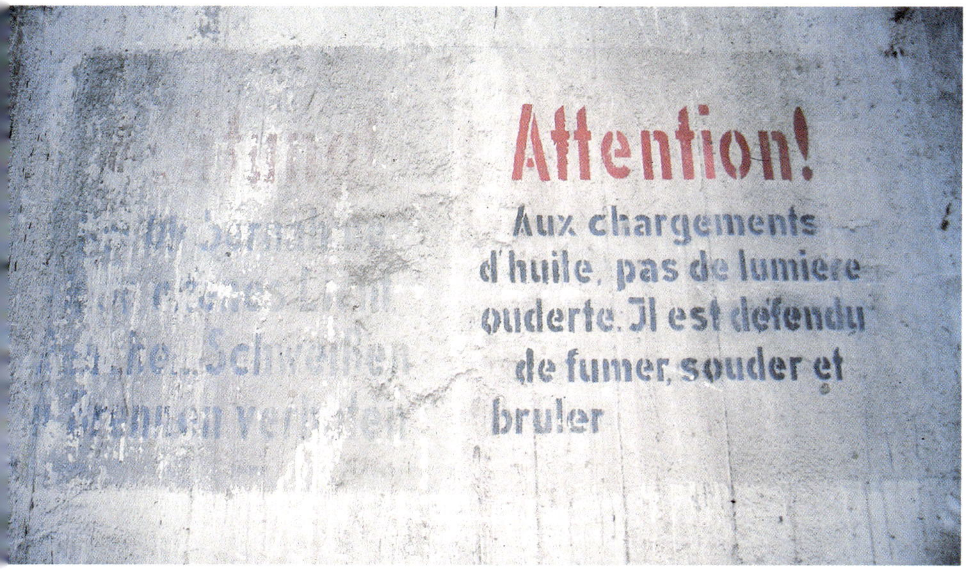

Après la guerre, on a tenté de faire disparaître la partie en langue allemande de ce marquage technique bilingue. Remarquer que le texte en français a été mal traduit par la Kriegsmarine.

BASE SOUS-MARINE DE KÉROMAN (LORIENT)

Déjà traitée dans l'ouvrage précédent, la base de Kéroman, avec ses trois immenses blocs, nous délivre peu à peu ses secrets. Après une visite approfondie du site, voici quelques dessins et inscriptions découverts dans le dédale de couloirs et de pièces sombres du bunker K I.

Sous le bloc central, la visite d'un interminable souterrain nous amène jusqu'à une alvéole de K III. Une dérivation inondée nous conduira à un poste de défense rapprochée de la base. Depuis cette galerie souterraine, il est également possible d'accéder à la centrale électrique. Nous en sommes restés là pour cette fois, l'eau était vraiment trop froide !

Dans les entrailles de K III, les immenses réservoirs d'eau douce destinés à l'approvisionnement des U-Boote, désormais asséchés, nous ont aussi interpellés.

Dans l'infirmerie de K I, subsiste cette citation de Bismarck, chef d'Etat prussien : « Être Allemand, c'est être un combattant. »

Près de la trémie à charbon de la centrale électrique, on peut voir ce marin au cigare qui joue de l'accordéon.

Deutsch sein heisst Kämpfer sein.

De retour à terre, c'est la fête à K III.

Le passage à claire-voie de K I jusqu'à la centrale électrique à charbon restera à jamais gravé dans nos mémoires...

La visite continue jusqu'à la structure antibombes du toit de K III où une bombe « Tallboy » a laissé un cratère des plus impressionnants, sans toutefois percer les 7,40 mètres de béton. La tour « Davis », installée contre K I, servait à l'entraînement des équipages à évacuer la coque d'un sous-marin en perdition à l'aide d'une bouée-bouteille de survie. Dans K II, une véritable caserne, pouvant abriter plus d'un millier d'hommes, a été aménagée. Le complexe de Kéroman, considéré de nos jours comme une verrue sur le port, a droit à quelques égards en hommage aux milliers d'hommes qui l'ont construit, souvent au prix du sang, de la sueur, et des larmes.

Kéroman, la plus importante base sous-marine construite en France, abritera deux flottilles de sous-marins : la 2e U-Flottille venant de Wilhelmshaven dès 1940 et la 10e U-Flottille créée à Lorient en 1942. De prestigieux capitaines de U-Boote, ceux qui couleront de nombreux navires alliés, ont opéré depuis Lorient : KK Victor Schütze avec 33 victoires, KK Merten avec son U-68, 27 victoires, etc. Ces « as » de la Kriegsmarine seront très célèbres en Allemagne.

Thème classique de la propagande hitlérienne. Ce marin de la Kriegsmarine va à la pêche au « Tommy » (l'Anglais).

Insigne de la 2e Flottille de sous-marins basée à Lorient.

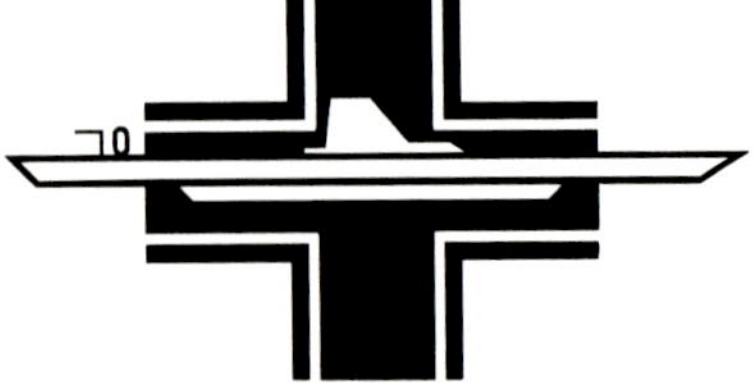

Insigne de la 10e Flottille de sous-marins basée à Lorient.

Vue de la base sous-marine de Kéroman depuis le bateau en partance pour l'île de Groix. Remarquer la peinture de camouflage, les tours de D.C.A. et l'entrée du slip-way.

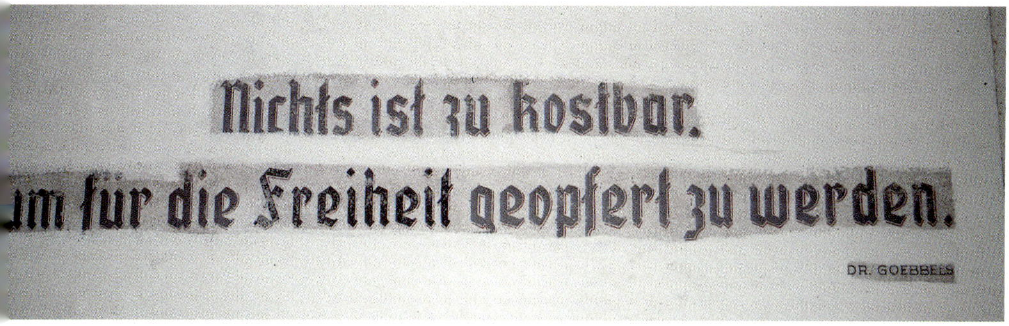

Autre citation, cette fois du ministre de la Propagande du Reich, le docteur Goebbels : « Rien n'est trop précieux. On doit se sacrifier pour la liberté. »

Ces trois marins trinquent peut-être à la victoire.

POINT D'APPUI DE L'ÎLE SAINT-MICHEL

L'île Saint-Michel, située au centre de la rade de Port-Louis au confluent du Scorff et du Blavet, sera fortifiée par la marine dès le XVIIIe siècle. Lors de l'occupation allemande, l'île, transformée en point d'appui, dévient un élément majeur du dispositif de défense de la base sous-marine de Kéroman. Comme le montre l'incroyable canevas de tirs de la rade, les ouvrages de l'île

Face à la base de Kéroman, le bunker à cloche blindée pour deux mitrailleuses de l'île Saint-Michel pouvait battre la rade de Port-Louis sur 360° grâce à ses six embrasures.

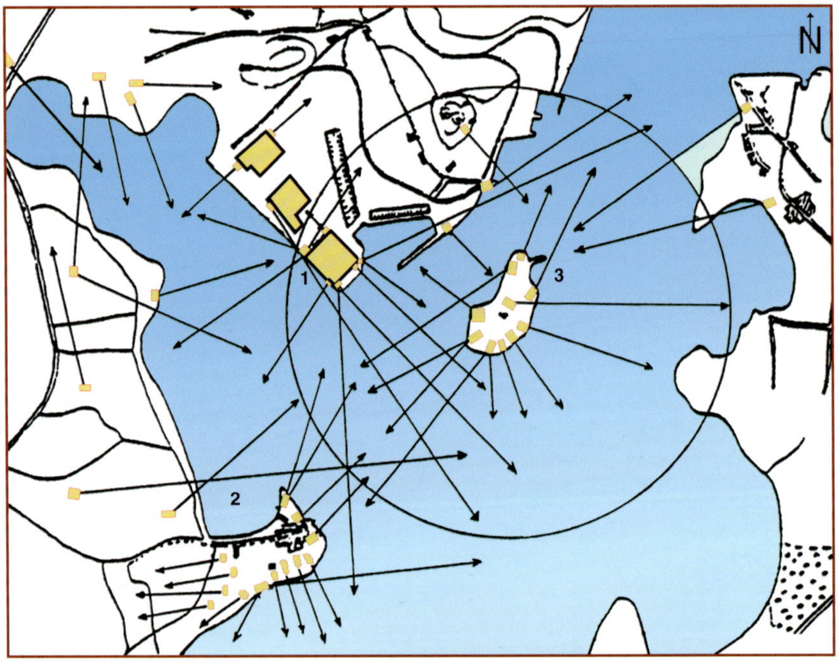

Plan de feu défensif de la base sous-marine de Kéroman. Rade de Port-Louis.
Archives allemandes.

1 Base sous-marine de Kéroman
2 Point d'appui de Kernevel
3 Point d'appui de l'île Saint-Michel

La casemate d'artillerie pour 75 mm a été incorporée dans les anciennes fortifications françaises datant du XVIIIe siècle.

Saint-Michel croisaient leurs feux avec ceux des points d'appui de Kernevel et Kéroman.

L'organisation Todt investit le rocher de granit et bientôt le couvre de blockhaus et baraques de tous types, de manière à rendre cet ensemble autonome.

Dix bunkers de combat, un poste de commandement et deux abris passifs ont été coulés sur la petite île, un véritable destroyer au mouillage !

La position sera occupée par des éléments de la 265e division d'infanterie sous les ordres du lieutenant Paulsen.

La cloche blindée d'observation hémisphérique montée sur l'île Saint-Michel est la seule connue en Bretagne.

Le bunker de commandement avec cloche d'observation servait également de logement au personnel de la pièce de 47 mm Skoda située au sud-ouest de l'île.

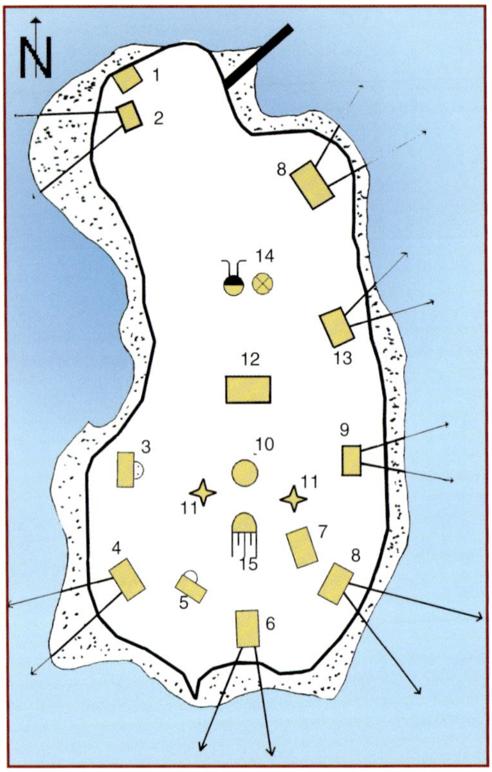

1 Abri pour mitrailleuse (S.K.)
2 Casemate pour canon de 47 mm Skoda (R 631)
3 Casemate pour cloche blindée à 6 embrasures (R 634)
4 Casemate pour canon de 47 mm Skoda (R 676)
5 Abri à personnel avec cloche d'observation (poste de commandement) (R 502)
6 Casemate pour canon de 75 mm (S.K.)
7 Abri à personnel
8 Casemate pour mitrailleuse cuirassée (R 630)
9 Casemate pour canon de 50 mm K.W.K. (R 667)
10 Château d'eau
11 Canon de D.C.A. de 20 mm
12 Abri à personnel
13 Casemate pour mitrailleuse cuirassée (R 620)
14 Tobrouk double pour un mortier de 80 mm et une mitrailleuse MG 34 (Type 69)
15 Projecteur

Noyées dans la végétation, les casemates pour mitrailleuse M.G. 34 cuirassée sont pratiquement invisibles aujourd'hui depuis la côte.

Vue d'une plaque de blindage protégeant la chambre de tir pour mitrailleuse M.G. 34 sur rotule. Remarquer le panorama de tir et les supports d'optique placés de part et d'autre de l'obturateur d'embrasure.

Après la guerre, l'îlot sera désaffecté et deviendra une zone interdite recouverte de broussaille. En effet, Saint-Michel et les grèves alentour sont véritablement truffés d'obus et d'explosifs en tout genre.

Après un déminage en règle, l'île Saint-Michel est utilisée aujourd'hui comme terrain d'entraînement par l'école des fusiliers marins de Lorient.

Le site est très bien conservé et de nombreuses inscriptions techniques et panorama de tir ornent toujours les murs des bunkers. Comme on peut le constater sur les photos, le ferraillage systématique de la position n'a pas été pratiqué par la Marine nationale.

Contrairement à la légende, les deux canons de 47 mm Skoda de l'île Saint-Michel ont bien été démontés par la marine juste après la guerre.

Situé au centre de l'île, le tobrouk à mortier de 80 mm, prenait également sous son feu l'accès par la terre à la base de Kéronan.

DÉFENSES DE L'ÎLE DE GROIX

Possibilité de s'y rendre en bateau, départ de Lorient.

La petite île de Groix, face au port de Lorient, a été largement fortifiée par l'armée allemande dans le cadre de la construction du mur de l'Atlantique. Mis à part la batterie « Seydlitz » (4 canons de 203 mm) et celle de Kerlivio (4 canons de 75 mm), on trouve surtout des petits points d'appui implantés dans de remarquables paysages. Pour les amateurs de souterrains, l'île de Groix est un formidable terrain d'exploration !

Le point d'appui de la baie des Curés se compose d'un abri-garage pour canon de 47 mm, surmonté d'un tobrouk pour mitrailleuse. Un long souterrain partant de la chambre de tir aboutit de l'autre côté de la falaise.

Pen-Men. Cette galerie souterraine aboutit sur la falaise près de la batterie de D.C.A. Remarquer les suintements d'oxyde de fer particulièrement colorés.

Point d'appui.

Batterie « Seydlitz », quatre canons de 203 mm en tourelles doubles.

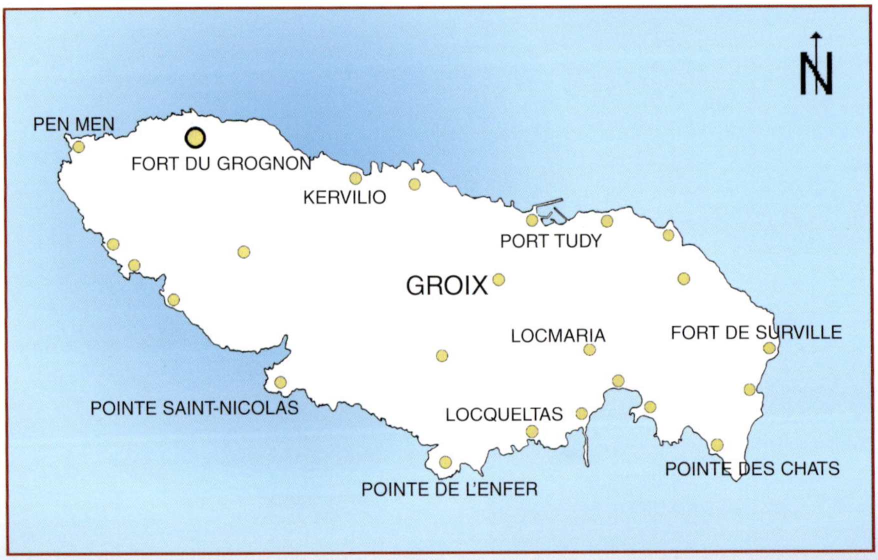

Port-Saint-Nicolas. Ce tobrouk pour mortier de 80 mm surplombant l'entrée du petit port, s'est intégré à la falaise.

Fort-Surville. Tobrouk rehaussé d'un toit de protection.

Pointe des Chats. Dans un abri à personnel inondé, le poêle de forteresse W.T. 80 K, toujours en place, se dégrade peu à peu.

Fort-Surville. Cet escalier sous roc dessert un poste de combat. Pour les amateurs de souterrains, l'île de Groix est un véritable paradis...

Fort-Surville. Ce tobrouk pour mitrailleuse a conservé son couvercle blindé de protection.

GÂVRES

L'extrémité sud de la presqu'île de Gavres a été choisie pour y installer la 3e Batterie du 264e Groupe d'artillerie de marine. Chargée de la défense de la passe ouest du port de Lorient, la batterie de Gavres croisait ses feux avec ceux des canons de Locqueltas. Quatre casemates massives M 176 seront armées de pièces de 105 mm Uto L/45. La position est codée Lo 335 dans le dispositif de défense de Lorient. Un poste de direction de tir M 162 est chargé du commandement de la batterie, sous les ordres de l'enseigne de vaisseau Knoll.

De nos jours, la batterie se trouvant dans un terrain de camping est parfaitement visitable, mis à part le P.D.T. situé en terrain militaire.

Casemate d'artillerie de marine (M 176) pour canon de 105 mm de la batterie de Gâvres. Celle-ci battait la passe ouest du port de Lorient.

Situé en arrière de la batterie de 105 mm, ce tobrouk pour mortier a également été pourvu d'un affût de mitrailleuse polonaise Mle 30 de 7,92 mm.

Après une forte tempête, des obstacles antidébarquement ont ressurgi sur la grande plage de Gâvres !

DÉFENSES DE BELLE-ÎLE

Possibilité de s'y rendre en bateau, départ de Quiberon.

A Belle-Ile, les vestiges du mur de l'Atlantique sont implantés dans de magnifiques paysages. On peut citer la station radar de Port-Coton desservie par un réseau souterrain, un bunker sanitaire à la sortie du Palais, les défenses des Grands Sables et de Sauzon.

Les défenses du port de Donnant, aménagées à flanc de falaise, sont reliées entre elles par de longs souterrains plus ou moins inondés. Les embrasures des casemates pour mitrailleuse, incorporées dans la roche environnante, sont des modèles du genre.

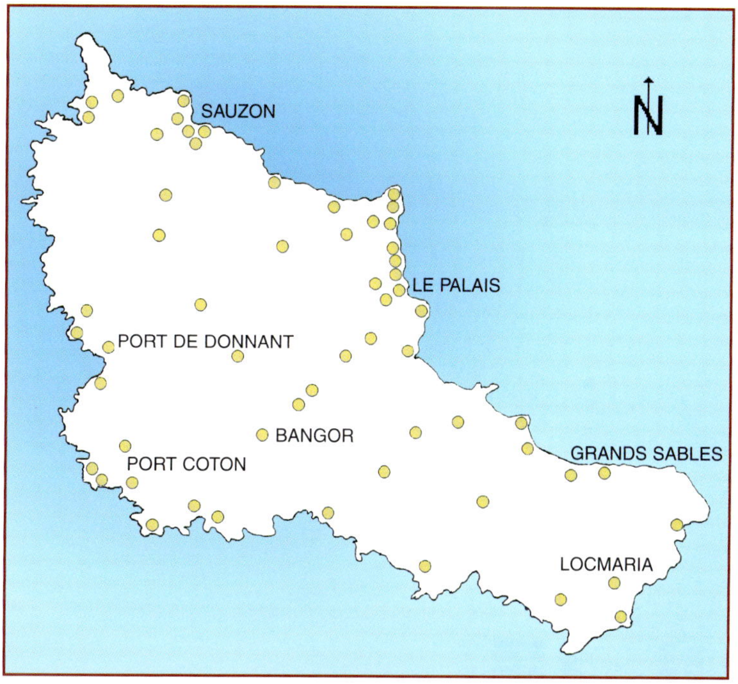

Point d'appui.

Vue en 1946 du radar Würzburg Riese de Port-Coton.
Service Historique de la Marine.

Le petit port de Sauzon est défendu par un bunker pour canon de 50 mm K.W.K. Un souterrain le relie au fort de Vauban équipé de créneaux pour mitrailleuses.

Dans une des galeries sous roc desservant les ouvrages sud, un impressionnant puits bétonné garni de fer à grimper débouche dans un ouvrage situé au sommet de la falaise. La visite poussée des défenses du port de Donnant est réservée aux plus téméraires et il est fortement déconseillé de s'y aventurer seul. A Belle-Ile et à Groix, les amateurs de souterrains pourront se régaler.

A Port-Coton, l'accès au réseau souterrain, aménagé à flanc de falaise, est particulièrement impressionnant à emprunter.

L'entrée du tunnel d'accès de la casemate nord du port de Donnant a été admirablement intégrée à la roche environnante.

L'emplacement du radar de Port-Coton aujourd'hui. Un réseau souterrain relie les différentes casemates.

Casemate pour canon de 50 mm prenant en enfilade la côte nord du port de Donnant. Soute à munitions et logement à personnel ont été creusés dans la falaise.

KERVILLEN

Au sud de La Trinité-sur-Mer, les ouvrages de la pointe de Kerbihan interdisaient l'accès à la rivière de Crac'h. A quelques centaines de mètres, l'O.T. a réalisé un amalgame d'ouvrages multimissions rarement rencontrés sur nos côtes.

Casemate à double embrasure, pour canon antichar de 50 mm K.W.K., accolée à un abri pour personnel surmonté d'un petit poste d'observation, un véritable patchwork !

ÎLE D'HOUAT

Sur la pointe de Beg er Vachif, à l'extrémité occidentale de l'île, la batterie de Béniguet a conservé ses quatre canons de côte de 95 mm Mle 1888.

La batterie de Béniguet sera occupée par l'armée américaine comme poste d'observation en novembre 1944 puis reprise par l'armée allemande le 15 décembre 1944.

PORT-NAVALO

Pour verrouiller l'entrée du golfe du Morbihan, la logique voulait que Port-Navalo et la pointe de Kerpenhir soient fortifiés. La particularité de ces points d'appui est d'avoir été dotés de bunkers à deux embrasures pour canons antichars de 50 mm K.W.K. Ce type d'ouvrage permet, avec un minimum de moyens, de battre deux secteurs opposés de rivage. Ces casemates, de construction spéciale (S.K.), sont souvent adaptées à la topographie du littoral. Elles ont conservé jusqu'à nos jours leur affût pour 50 mm encore équipé des blindages de protection.

Cette casemate à double embrasure pour canon antichar de 50 mm contrôlait l'accès du golfe du Morbihan en croisant ses feux avec la position de Kerpenhir.

POINT D'APPUI DE LA POINTE DU HALGUEN

De Penestin, suivre Haut-Pénestin, puis Pointe du Halguen.

Pour défendre l'estuaire de la Vilaine, l'occupant a implanté cette demi-batterie armée de deux canons de campagne de 75 mm. L'avantage du type de casemate choisi ici est de pouvoir sortir facilement la pièce d'artillerie de sa chambre de tir et de faire feu dans n'importe quelle direction.

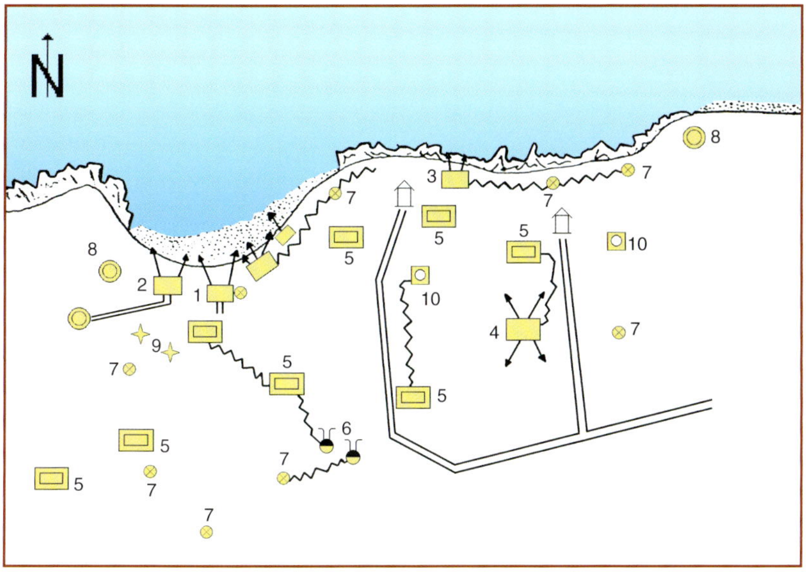

1 Casemate pour canon de campagne (R 611)
2 Casemate pour canon de campagne (R 669)
3 Casemate pour canon antichar de 50 mm. K.W.K. 39 (R 667)
4 Casemate pour canon antichar de 50 mm K.W.K. 39 à double embrasures (S.K.)
5 Abri à personnel
6 Mortiers de 80 mm
7 Tobrouk pour mitrailleuse
8 Encuvement pour canon antichar de 50 mm K.W.K. 39
9 Pièces de D.C.A. de 20 mm
10 Puits protégé

Les lourdes portes blindées situées à l'arrière de la casemate se ferment encore aujourd'hui du bout du doigt !

Autre avantage du bloc R 611, un logement à personnel abrite l'équipe de pièce et deux soutes à munitions sont incorporées à l'ouvrage.

Entrée principale de la casemate permettant de sortir le canon. Aujourd'hui, il est rare de trouver toujours en place ce type de porte blindée.

Dans la chambre de tir de la casemate pour canon antichar de 50 mm, subsiste le blason de l'unité d'artillerie qui occupait ces lieux.

Ce couloir permettait la mise en place de la pièce d'artillerie jusqu'à la chambre de tir. A gauche, l'entrée de la soute à munitions.

Loire-Atlantique

FORTERESSE DE SAINT-NAZAIRE

De même que Saint-Malo, Brest et Lorient, le grand port de Saint-Nazaire sera fortifié à outrance afin de devenir une forteresse imprenable. Il fallait avant tout protéger la précieuse base sous-marine, tanière des 6e et 7e Flottilles de U-Boote menant une guerre sans merci aux convois alliés de l'Atlantique.

Il serait pénible de décrire toutes les défenses de Saint-Nazaire tant elles sont nombreuses.

Page de gauche :
Ces artilleurs du 280e groupe d'artillerie de marine posent fièrement sur un des deux canons de 240 mm sur voie ferrée qui compose la batterie de Préfailles.
Gamelin, coll. Tomine.

Aujourd'hui, les vestiges de ces fortifications bétonnées pullulent dans la région de l'ex-forteresse. Un inventaire du mur de l'Atlantique effectué par la D.R.A.C. en Loire-Atlantique a recensé près de 900 blockhaus en 1997 !

BUNKER DE RÉGLAGE D'ARTILLERIE DE CAMPAGNE DE LA TURBALLE

Dans le secteur de La Turballe, trois bunkers de commandement de batterie de campagne de l'armée de terre ont été construits. Face au littoral, ils étaient chargés de diriger

BUNKER DE RÉGLAGE D'ARTILLERIE DE CAMPAGNE (R 120).

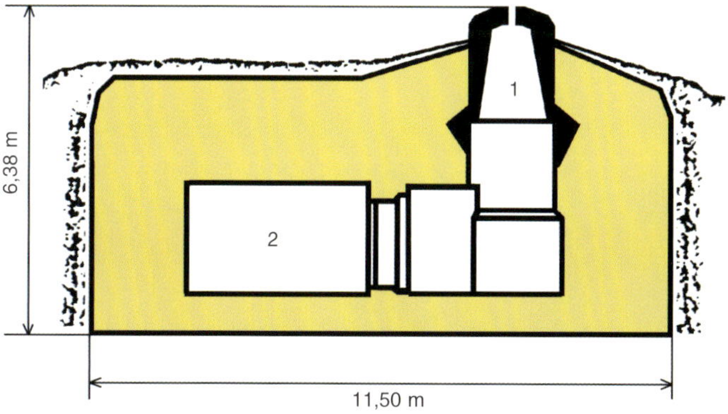

1. Cloche blindée d'observation.
2. Salle de calcul.

L'ouvrage nécessitait :
Béton : 650 m³.
Fer à béton : 38 tonnes.
Fer profilé : 7,6 tonnes.
Effectif : 2 à 3 officiers.
6 sous-officiers et soldats.

Mission : Commander et régler le tir d'une batterie d'artillerie de campagne de l'armée de terre.

le tir des batteries de la Signolais, de Brézéan et de Coipéan, situées à quelques kilomètres dans les terres et invisibles depuis la mer. Ces batteries étaient armées chacune de quatre canons de 105 mm

L'échelle métallique ayant disparu, la visite de la cloche d'observation n'est possible qu'à l'aide d'une corde...

Vue du puits de cloche. Les parties métalliques sont peintes à l'apprêt. En bas, le coffret de branchement téléphonique reliant le poste d'observation à la salle de calcul est en parfait état.

Accès au puits de la cloche d'observation, depuis la salle de calcul.

sous casemate et reliées aux postes de commandement par des liaisons radio et téléphoniques. Ces ouvrages existent toujours, ils sont situés à Clis (ferraillé), moulin Kerhuel et celui présenté ici est en terrain privé.

Surmontant le bunker, la cloche blindée permet une observation sur 360° à l'aide d'un périscope central, grossissement 10.

LA BAULE-ESCOUBLAC

Non loin de la base aérienne de La Baule-Escoublac, une station radar de la Luftwaffe avait été érigée et équipée d'un appareil de détection Würzburg Riese FuSE 65. La position regroupe quelques abris à personnel et un rare poste de commandement à deux étages « ANTON ». Six bunkers de ce type ont été inventoriés en Bretagne.

Dans une autre pièce, une maxime orne la caponnière de tir : « Qui veut œuvrer doit être joyeux ! »

Dans le bunker d'exploitation du radar, on peut encore admirer cette superbe pin-up.

Un peu plus loin, un soldat particulièrement romantique a réalisé ce bouquet fleuri !

CAMP DE LA TORPILLE

De Pornichet, suivre Saint-Nazaire par la côte, puis Pointe de Chémoulin

Ce bunker est très bien conservé et renferme de nombreux aménagements spécifiques d'un grand intérêt. Certains abris sont surmontés d'une cuve pour canon de D.C.A. de 20 mm assurant la défense aérienne du site.

1 Poste de garde
2 Abri radar Mammut (L 485 long)
3 à 22 Abri-soute

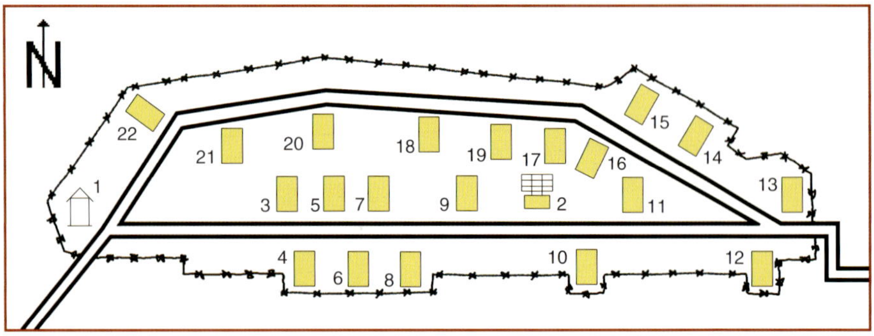

C'est un vaste dépôt central composé de vingt abris-soutes servant au stockage de munitions, d'armement et de matériels militaires divers. Particulièrement protégé, le camp de la Torpille était ceinturé par un réseau de barbelés, de mines et de petits points d'appui. Au milieu du camp, se dresse un abri pour radar Mammut FuMO 52, maillon important de la chaine de détection d'avions mise en place par la Luftwaffe en Bretagne.

Sur certains abris, la peinture de camouflage est encore visible.

Alignés à l'infini, vue des abris-soutes du camp de la Torpille depuis une cuve de D.C.A.

Aujourd'hui, l'abri pour radar Mammut a été dépouillé de son antenne et la végétation l'envahit peu à peu.

Le radar Mammut FuMO 52 du camp de la Torpille, tel qu'il était à la Libération. D.R.

Le camp de la Torpille vaut le détour, c'est certainement la plus impressionnante concentration de blockhaus qu'il est donné de voir aujourd'hui !

La capacité de stockage de chaque abri bétonné est énorme.

Dans la chaufferie de l'abri-radar, la chaudière est toujours en place.

Les descentes du calage de l'antenne radar sont protégées par deux cheminées en béton, renforcées d'une plaque d'acier.

LES POSTES DE COMMANDEMENT DE D.C.A. DE MARINE DE LA RÉGION DE SAINT-NAZAIRE

Unique en France, seul le secteur de Saint-Nazaire a été pourvu de ce type d'ouvrage. Surmontés d'une tour de guet de hauteur variable, cinq postes de commandement ont été érigés dans la région : Saint-Marc, La Vecquerie, Montoir-de-Bretagne, Marsac et Saint-Brévin.

Leur mission était d'orchestrer la défense antiaérienne de la forteresse de Saint-Nazaire. Le commandement de la 5e brigade de D.C.A. de marine était installé dans l'ouvrage de Saint-Marc, relié directement aux stations radar de veille installées à : Le Croisic, pointe de Chémoulin, Escoublac, pointe de Saint-Gildas, Sainte-Marie, Savenay et la Ville-es-Noire. De nombreux vestiges de ces stations sont encore visibles de nos jours. Après un contact radar, ce P.C. suit la trajectoire des bombardiers alliés et met en alerte les P.C. secondaires des bataillons de D.C.A. concernés, qui donneront alors les ordres de tir à leurs batteries.

D'un style féodal, la tour du P.C. central de la défense antiaérienne de Saint-Nazaire se dresse sur la commune de Saint-Marc. (FL 250)

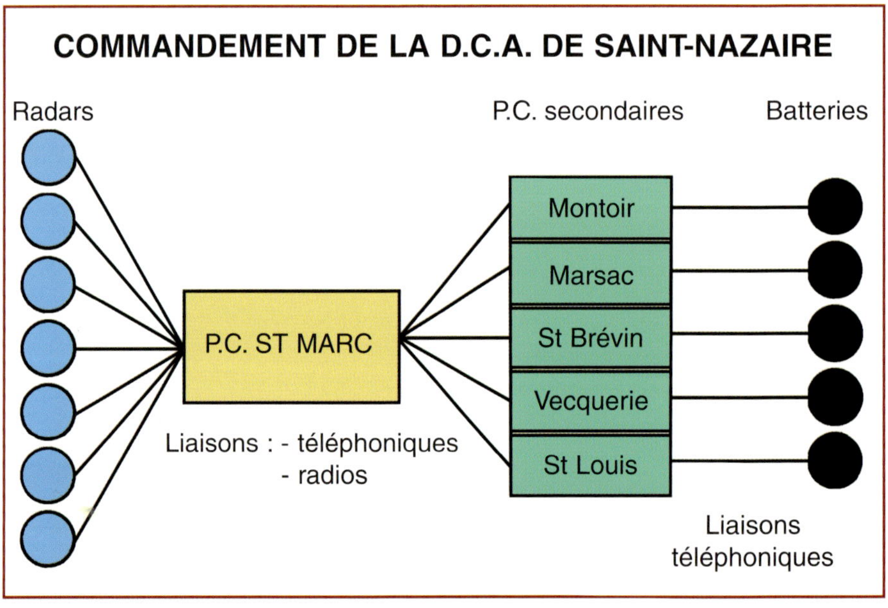

P.C. de La Vecquerie. On s'interroge sur l'utilité des redans verticaux qui ornent ces tours. Cet ouvrage a été aménagé en studio pour groupes de rock. L'isolation phonique est garantie ! (FL 241).

Il est à préciser que chaque batterie possède son propre radar de conduite de tir (Würzburg 39 T). C'est lui qui, le moment venu, prendra le relais afin de diriger de manière très précise le tir des pièces antiaériennes sur leur objectif.

De passage à Saint-Nazaire, ne manquez pas d'aller observer ces tours, elles sont toutes visibles facilement, mais utilisées comme habitation ou par diverses associations.

Contrairement aux autres ouvrages de la région, la tour de guet du bunker de Saint-Brévin est dépourvue de redans verticaux. (FL 241).

La tour de Marsac, située en pleine nature, est tout à fait visitable. Remarquer les créneaux de défense. Le bunker de commandement se trouve au sous-sol. (FL 241).

La tour du P.C. de Montoir-de-Bretagne a été recyclée en mur d'escalade par le patronage local ! (FL 241).

FORT DE L'ÈVE

Véritable exemple type d'une batterie d'artillerie côtière de la marine, cette position encore complète est le passage obligé de tout amateur dans la région. Equipée de quatre pièces de 170 mm S.K.L. 40, elle était servie par 150 artilleurs. Lors de la visite, ne pas manquer la casemate sud pourvue de son faux pignon de maison en trompe l'œil.

Le poste de direction de tir de la batterie du fort de l'Eve a été réaménagé en agréable résidence secondaire. La chambre des enfants, installée au premier niveau d'observation, bénéficie d'une vue imprenable sur la baie ! (M 157).

CHAUSSEPOT

Le nid de résistance de Chaussepot fait partie de la ligne de défense terrestre de la forteresse de Saint-Nazaire. En effet, une succession de points d'appui autonomes, placée aux endroits stratégiques, ceinture la ville.

Organisée pour stopper l'infanterie, cette position bat de ses tirs d'armes automatiques les espaces découverts d'un nœud de communications. Pour ce faire, deux tobrouks, surmontés d'une tourelle de char Renault F.T. 17 armée d'une mitrailleuse M.G. 311 (f), ont été bien placés.

Découvert dans un talus broussailleux, ce tobrouk est équipé d'une tourelle de char Renault F.T. 17 rivetée.

ÎLE DE LA PERRIERE

Un bunker de commandement et réglage d'artillerie, encore équipé de sa cloche blindée d'observation périscopique, est visitable dans une carrière située au sud de Dissignac. L'entrée de l'ouvrage (R 120) est praticable ou non au gré de l'exploitation de sable. A voir.

La cloche blindée d'observation de ce poste de commandement d'artillerie a été renforcée de béton sur son pourtour. Situé dans une carrière de sable, cet ouvrage a été complètement déchaussé. (R 120).

SAINT-NAZAIRE

Après le raid de commandos britanniques de mars 1942 visant la forme-écluse Joubert, les défenses du port de Saint-Nazaire et de ses faubourgs ont été particulièrement renforcées. L'avant-port et l'entrée de la Loire sont parsemés de bunkers et d'abris de tous types. Les alentours des bassins et les carrefours sont défendus par de nombreux ouvrages bétonnés puis battus par le tir des mitrailleuses de la cloche blindée idéalement située sur le toit du bunker-écluse. De plus, les parois des gros ouvrages tels que la base sous-marine, le bunker-énergie et le sas U-Boot sont pourvues de nombreux créneaux de défense pour armes individuelles. Rue Lenôtre, un énorme bunker servant de poste de commandement à la D.C.A. du port a été érigé dans le collège Saint-Louis.

L'énorme bunker de la centrale électrique à vapeur du port, surmonté de deux encuvements pour canon de D.C.A. de 20 mm, a été exploité par E.D.F. après la guerre.

PONT-CHÂTEAU

Bien que situé à 25 kilomètres de la côte, le complexe souterrain de Pont-Château est à classer parmi les réalisations du mur de l'Atlantique. Pour assurer la défense en profondeur de la poche de Saint-Nazaire, l'O.T. a construit un énorme Dombunker (Abri cathédrale) destiné à la protection d'une pièce d'artillerie lourde sur voie ferrée. Erigée en bordure de la ligne Saint-Nazaire - Pont-Château, une simple dérivation permettra au canon de 240 mm venant de la batterie de Kermoisan, près de Batz-sur-Mer, de trouver un abri sûr dans un tunnel de 100 mètres de longueur.

L'O.T. a coulé cette impressionnant Dom-bunker afin de protéger un canon de 240 mm sur voie ferrée. Cette pièce allait et venait de la batterie de Kermoisan, près de Batz-sur-Mer.

Parallèlement, un réseau souterrain de plus de 1000 mètres de galeries a été creusé à partir de 1942, pour servir d'atelier de montage de mines magnétiques. L'ensemble est protégé par des tobrouks à mitrailleuse et un poste de guet.

A la Libération, toutes les galeries n'étaient pas terminées, seules quelques salles ont été bétonnées.

Aujourd'hui, le Dom-bunker se trouve près de la piscine de la ville. Les défenses rapprochées sont toujours présentes mais l'accès au réseau souterrain, caché dans les broussailles, est à déconseiller pour des visiteurs non avertis.

Implanté sur l'aérodrome de Montoir, bunker de transmission par signaux lumineux en morse.

LA BELOTAIE

Construite en bout de piste de l'aérodrome de Montoir, l'embrasure en trémie de ce curieux bunker a conservé en très bon état sa peinture de camouflage d'origine. Non loin du village, de nombreux obstacles antiplaneurs sont encore en place aujourd'hui.

BASE SOUS-MARINE DE SAINT-NAZAIRE

Edifiés sur l'emplacement de la Compagnie générale transatlantique, les travaux de construction de la base sous-marine de Saint-Nazaire débutent en mars 1941. Après la pose d'un batardeau autour du chantier, l'eau est évacuée et les travaux de fouille sont réalisés tambour battant sur 8 mètres de profondeur. Après quatre mois de travaux, trois alvéoles sont achevées. En juin 1942, l'énorme U-Boot bunker est opérationnel. Les travaux n'auront duré que seize mois et 480 000 mètres cubes de béton ont été nécessaires. De dimension impressionnante, 299 mètres de long sur 124 mètres de large et 18 mètres de haut, la base de Saint-Nazaire peut accueillir vingt submersibles en maintenance grâce à ses 14 alvéoles dont 8 sont asséchables.

La tour de défense nord de la base était armée d canon antichar de 47 mm Skoda et de deux mitrailleu M.G. 08/15. A son sommet, une cloche blin d'observation était chargée de diriger le tir des d mortiers (50 mm et 80 mm) incorporés en retrait dalle de couvert

La dalle de couverture atteint 8,75 mètres sur un tiers du bâtiment, les travaux de renforcement ne seront jamais terminés. Derrière les boxes se trouve, comme à l'accoutumée, la zone des ateliers, magasins et services, desservie par un passage pour véhicules équipé d'une voie de chemin de fer.

Le U-Boot bunker Saint-Nazaire sera la base de la 7e U-Flottille arrivée de Kiel dès 1940 et de la 6e U-Flottille transférée de Danzig en 1942. Les « as » sont nombreux à Saint-Nazaire. Le sous-marin U 48 de la 7e Flottille a le plus important palmarès de la Kriegsmarine avec 54 navires alliés envoyés par le fond.

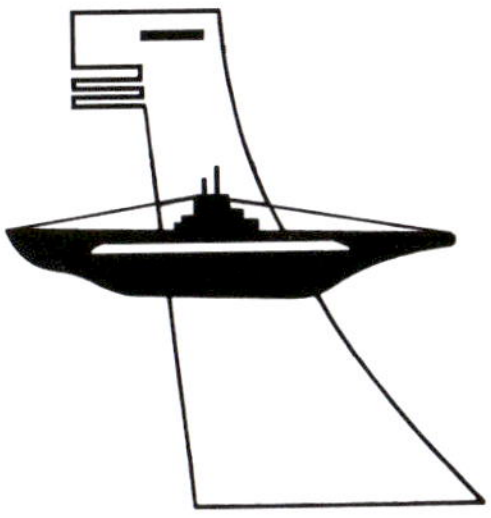

Insigne de la 6e Flottille de sous-marins basée à Saint-Nazaire.

Insigne de la 7e Flottille de sous-marins basée à Saint-Nazaire.

HEINLEX-ROHAN

Soucieuse du moral des équipages, la Kriegsmarine aménage pour les sous-mariniers à terre trois camps de repos dans la région de Saint-Nazaire. Celui d'Heinlex, construit dans le parc du château, a la particularité d'être également un centre d'instruction navale. C'est là que la Kriegsmarine formait les sous-mariniers destinés au service des canons antiaériens montés sur les U-Boote. Pour se familiariser à ces armements, des superstructures de sous-marins sont

Des fresques murales tentent encore aujourd'hui d'égayer les chambres des patients.

L'abri sanitaire arbore toujours aujourd'hui le signe de sa fonction.

construites à l'identique dans le parc et équipées de pièces de 20 mm Flak. Le casernement constitué de nombreux baraquements est équipé de trois grands abris bétonnés dont l'un fait office d'infirmerie. De retour de mission, les équipages pourront, à Heinlex, se décrasser et une fois rasés de frais, se détendre et faire la fête. Rien n'est trop beau pour les loups de mer de Dönitz au repos. La nourriture est abondante et l'alcool coule à flots.

Aujourd'hui, Heinlex est un hôpital psychiatrique et les bunkers sont condamnés.

Les salles de soins sont encore équipées de leurs portes antigaz.

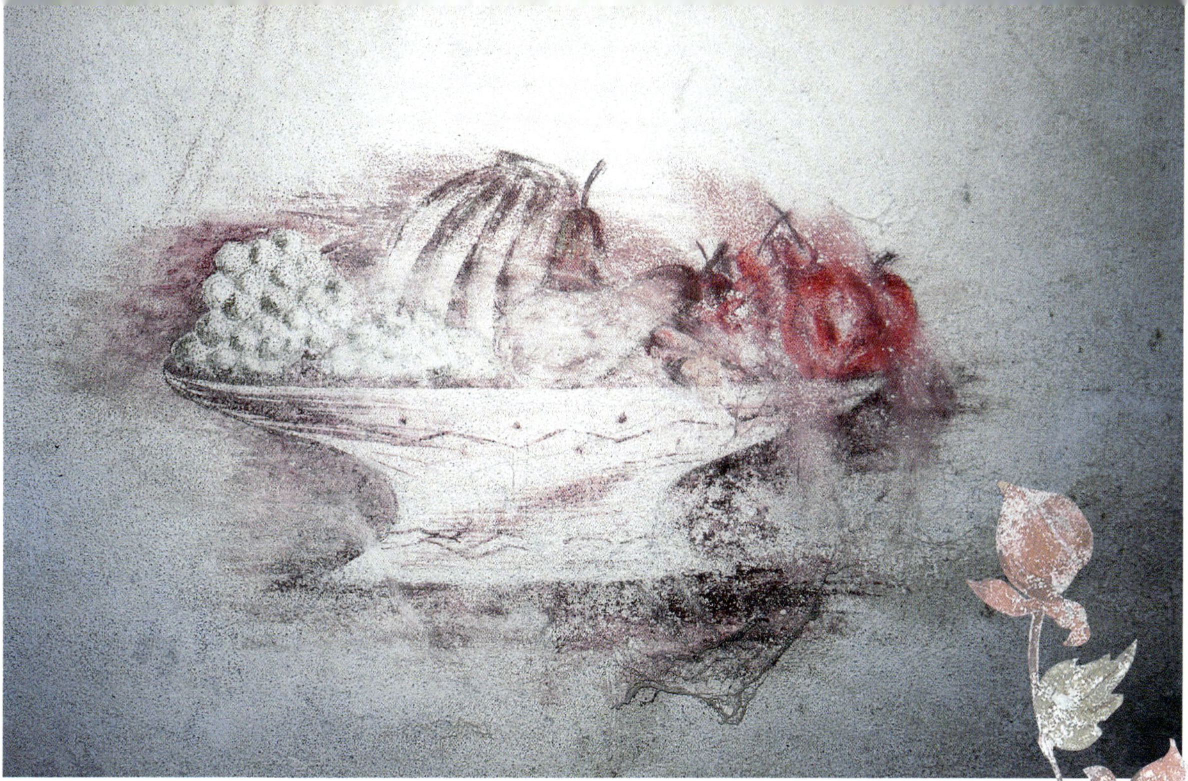

Ce ventilateur à bras qui équipe toujours l'abri a un rendement de 10 mètres cubes d'air à la minute.

BATTERIE DE ROUALLAIS

Dénommée « Heinrich », la batterie de Rouallais aligne quatre casemates R 669 armées de pièces d'artillerie de campagne de 105 mm. Dans les abris passifs recouverts par la végétation, fresques murales et trompe-l'œil peuvent être admirés.

Dans la soute à munitions de la batterie de Rouallais, un artilleur a dessiné cette jeune femme qui pleure son amour parti faire la guerre.

Cette cheminée en trompe l'œil a été réalisée dans un autre bunker de la batterie. L'idée était bonne, dommage que l'artiste n'ait pas été doué !

BATTERIE DES ECOBUES

La batterie des Ecobues, située au nord de L'Immaculée, est dorénavant coupée en deux par une voie rapide. Les casemates d'artillerie de l'armée de terre de type R 669 pour canon de 105 mm ont conservé dans leur chambre de tir de nombreux dessins et inscriptions.

Casemate d'artillerie de l'armée de terre de la batterie des Ecobues qui était armée de quatre pièces de 105 mm (R 669). De nombreuses positions de ce type ont été édifiées dans la forteresse de Saint-Nazaire.

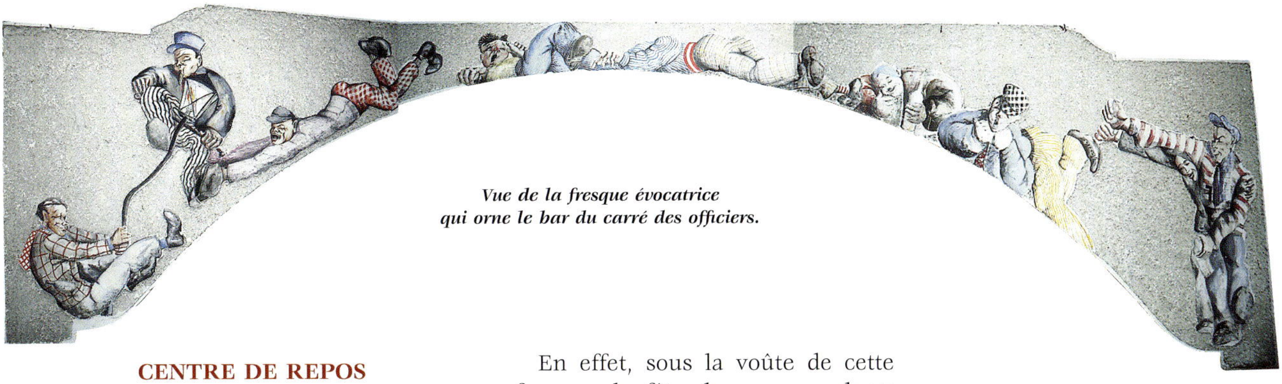

Vue de la fresque évocatrice qui orne le bar du carré des officiers.

CENTRE DE REPOS POUR OFFICIERS DE MARINE DES 6e ET 7e FLOTTILLES DE U-BOOTE

Des officiers des 6e et 7e flottilles de U-Boote, en relâche à Saint-Nazaire, ont marqué leur passage au-dessus du bar du carré par des graffitis représentant bien souvent l'insigne de kiosque de leur sous-marin.

Insigne du U-223, coulé le 30 mars 1944 : 24 disparus.

En effet, sous la voûte de cette fresque de fête, les commandants qui venaient se détendre en ces lieux avaient pris l'habitude, lors de soirées mémorables, d'y inscrire leur nom, celui de la petite amie d'un soir et tout ce qui leur passait par la tête. Le porteur d'eau, emblème de la ville de Hambourg,

Insigne du U-264, coulé le 19 février 1944 : 52 prisonniers. Insigne du U-766, qui représente la lanterne rouge de Saint-Paul, maison close réputée du port de Hambourg.

a été choisi par le commandant du U-592 comme insigne de son bâtiment. L'enseigne de vaisseau Herbert Loeder, commandant le U-967, a tenu à accumuler un maximum de chance pour son U-Boot en superposant le 7 d'un trèfle à quatre feuilles comme signe distinctif. Le pacha du U-586 a préféré, quant à lui, le fameux poing de fer du chevalier Götz von Berlichingen. On ne saura peut-être jamais pourquoi le capitaine de vaisseau Harlfinger a adopté un poinçon de cordonnier comme emblème de son U-269. La plupart de ces officiers commandants de U-Boot ayant marqué leur passage sous cette voûte ont disparu en mer.

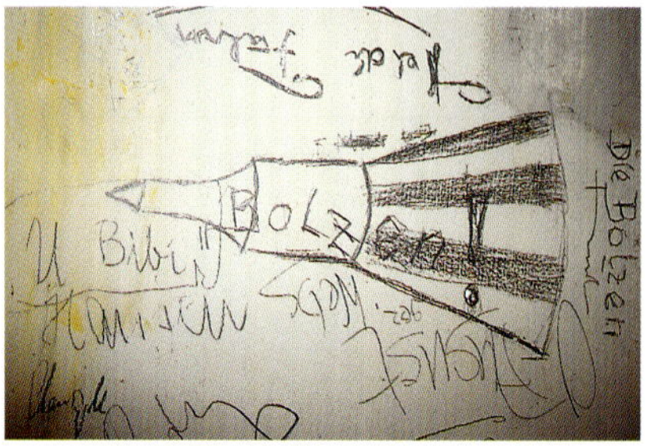

Insigne du U-269, coulé le 25 juin 1944 : 16 disparus.

Insigne du U-967.

Insigne du U-586.

CASEMATE POUR MITRAILLEUSE SOUS CLOCHE BLINDÉE DE SAINT-NAZAIRE

C'est un ouvrage peu courant, doté d'une cloche blindée tchèque, à un créneau de tir pour mitrailleuse M.G. 34 cuirassée. Il est utilisé pour la défense d'un passage obligé contre l'infanterie, tels un pont, une route encaissée, etc.

Il n'existe plus sur le mur de l'Atlantique en France que deux ouvrages de ce type encore pourvus de leur cloche blindée. Ces raretés sont regroupées dans la région de Saint-Nazaire, les autres ont été ferraillées dans les années qui ont suivi la guerre.

CASEMATE POUR MITRAILLEUSE SOUS CLOCHE BLINDÉE (R 648).

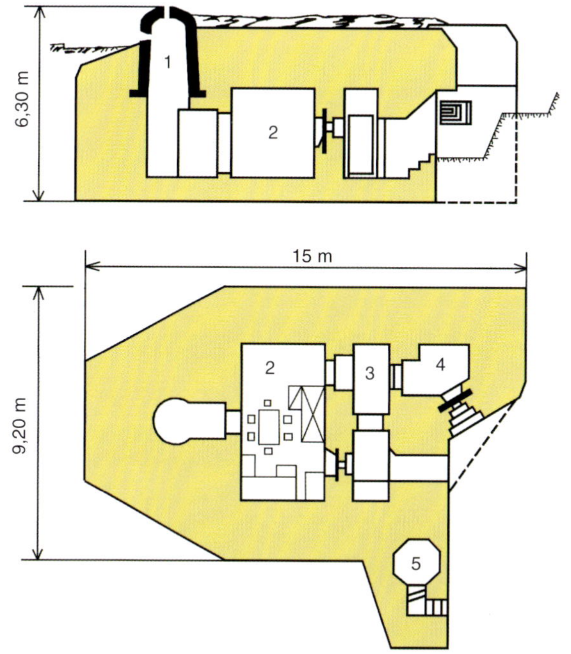

1. Cloche blindée à une embrasure (Tchèque).
2. Logement à personnel.
3. Sas anti-gaz.
4. Créneau de défense.
5. Tobrouk pour mitrailleuse.

Armement : 1 mitrailleuse MG 34.
Calibre : 7,92 mm.
Effectif : 6 hommes.
Mission : défense d'un passage obligé contre l'infanterie.

L'ouvrage nécessitait :
Terrassement : 1 400 m^3.
Béton : 605 m^3.
Fer à béton : 27 tonnes.
Fer profilé : 3 tonnes.

Ce bunker est difficilement repérable et seule la cloche blindée émerge du sol.

Dans le puits de cloche, le monte-charge pour les caisses à munitions de 7,92 mm est opérationnel.

Voici pour les amateurs, un inventaire non exhaustif des cloches blindées qui ont survécu en Bretagne, au ferraillage de l'après-guerre.

Cloche blindée à six embrasures pour mitrailleuses :

Rothéneuf (35) : 1 abri R112,
Saint-Servan-sur-Mer (35) :
6 abris R112, R114, R634,
Le Conquet (29) : 1 abri R634,
Concarneau (29) : 1 abri R634,
Ile Saint-Michel (56) : 1 abri R634,
La Turballe (44) : 2 abris R634,
L'Immaculée (44) : 1 abri R634,
Saint-Nazaire (44) : 1 abri R644.

Cloche blindée à une embrasure pour mitrailleuse :
Saint-Nazaire (44) : 2 abris R648.

Cloche blindée pour mortier de 50 mm :
Saint-Servan-sur-Mer (35) : 1 abri R633,
Brest (29) : 1 abri R633,
Saint-Nazaire (44) : 1 abri R633.

Cloche blindée pour obusier de 105 mm :
Brest (29) : 2 abris R664.

Cloche blindée d'observation d'infanterie :
Saint-Servan-sur-Mer (35) : 2 abris R105,
Dinard (35) : 1 abri ?,
Saint-Pierre-Quilbignon (29) : 1 abri ?,
Brest (29) : 1 abri ?,

Dans le puits de cloche, le plancher est encore équipé de son amortisseur.

Détail du créneau de tir encore équipé de sa rotule blindée.

Vue de l'affût de mitrailleuse avec son support de caisses à munitions et de l'orifice du périscope d'observation circulaire.

Beg-Meil (29) : 1 abri R502,
Ile Saint-Michel (56) : 1 abri R502,
Landrézac (56) : 1 abri R105,
Saint-Nazaire (44) : 1 B.S.M.,
Saint-Brévin (44) : 1 abri R105.

Cloche blindée légère d'observation d'artillerie :
Guidel (56) : 2 abris R613, R666,
Ploëmeur (56) : 1 abri R666,
Lanester (56) : 1 abri R666,
Saint-Nazaire (44) : 1 abri R120,
Saint-Brévin (44) : 1 abri R663.

Cloche blindée lourde d'observation d'artillerie :
Rothéneuf (35) : 1 abri R120,
Pléneuf-Val-André (22) : 1 abri ?,
La Turballe (44) :
2 abris R120, R666.

A Saint-Brévin, un abri à personnel a conservé ce beau marquage. Un chien s'interroge : « Ne pas se fâcher, s'étonner ! » (Coll. De Bordeau.)

SUD LOIRE

Les fortifications de cette région dépendent entièrement de la forteresse de Saint-Nazaire. Batteries côtières, points d'appui et D.C.A. lourdes complètent la ceinture de protection du grand port sur l'Atlantique.

A la batterie de D.C.A. de la Mabillais, subsiste le bunker-énergie de la position à l'architecture intéressante.

Cette superbe tourelle de char Renault F.T. 17 a été découverte récemment, près de Saint-Brévin, sur son tobrouk lors d'un débroussaillage. Elle est absolument complète.

LE FORT AGUET

Ce petit point d'appui se compose d'un tobrouk pour tourelle de char, d'un autre pour mitrailleuse et d'un abri à personnel. Sa mission était le contrôle d'un carrefour non loin de la batterie du Pointeau. Oubliée par les ferrailleurs, cette tourelle de char Renault se trouvait au milieu d'un jardin potager. Le propriétaire, M. Maurice, en fit don au musée de la Résistance bretonne de Saint-Marcel.

Après sablage et peinture, cette tourelle de char Renault F.T. 17 armée de sa mitrailleuse M.A.C. 31 trône désormais sur un tobrouk tout neuf dans le parc du musée.

La tourelle de char Renault F.T. 17 de Fort Aguet, telle qu'elle était lors de sa découverte en 1994. Nichée dans un jardin potager, bien à l'abri des regards, elle a survécu aux prédateurs d'acier de tout poil.

Il aura fallu l'aide d'un tractopelle pour arracher la tourelle à son chemin de roulement. Remarquez l'affût de la mitrailleuse M.A.C. 31.

Après restauration, peinture et remontage, elle trône désormais sur un tobrouk reconstitué dans le parc du musé pour le plus grand plaisir des visiteurs.

MINDIN

La pointe de Mindin, position stratégique de première importance, sera largement fortifiée, de Vauban à Fritz Todt.

Casemate pour canon de 50 mm K.W.K., flanquée de deux mitrailleuses et surmontée d'un encuvement pour canon de D.C.A. de 20 mm.

GREIX

Près de la route de Mindin à Paimbœuf, la Luftwaffe avait installé un radar doublé d'un projecteur de D.C.A. Une ancienne minoterie servait de casernement à la troupe.

Cette ancienne minoterie, qui a servi de P.C. à une unité de la Luftwaffe, a, d'une façon incroyable, conservé son emblème jusqu'à nos jours !

PRÉFAILLES

Dans un chemin creux, la Kriegsmarine avait installé à ciel ouvert deux pièces d'artillerie lourde de 240 mm. Cette batterie contrôlait l'estuaire de la Loire en croisant ses feux avec les deux canons du même type en position près de Batz-sur-Mer.

Face à la batterie de 240 mm, l'O.T. a coulé ce mur antichar pris en enfilade par un canon de 50 mm.

Bibliographie

BRAEUER (Luc), *La Baule 1939-1945*, Editeur Luc Braeuer.
BRAEUER (Luc), *La Poche de Saint-Nazaire, août 1944-mai 1945, tome 1*, Editeur Luc Braeuer, 1999.
BRAEUER (Luc), *L'Incroyable Histoire de la Poche de Saint-Nazaire*, Editeur Luc Braeuer, 2000.
BOHN (Roland), *Raids aériens sur la Bretagne durant la seconde guerre mondiale*, ERTHEB, 1997.
CHAZETTE (Alain), DESTOUCHES (Alain), PAICH (Bernard), *Atlantikwall, le mur de l'Atlantique en France 1940-1944*, Editions Heimdal, 1995.
CHAZETTE (Alain), REBERAC (Fabien), *Kriegsmarine*, Editions Heimdal, 1997.
CORLOUER (Daniel), ROSE (Yannick), *Lorsque le béton remplaça la pierre*, Editeur Daniel Corlouer, 1995.
DUPONT (Alain), PEYLE (Eric), *Le Mur de l'Atlantique sur la Côte d'Émeraude*, Editions Danclau, 1994.
FAUCHERRE (Nicolas), PROST (Philippe), CHAZETTE (Alain), *Les Fortifications du littoral - La Bretagne Sud*, Editions Patrimoines & Médias, 1998.
FUHRMEISTER (Jörg), *Der neue Panzeratlas 2*, Editions Fortifikation, 1997.
GAMELIN (Paul), *La Forteresse de Saint-Nazaire 1940-1945*, Editions des Paludiers, 1980.
HERMANS (Helmut), *J'étais soldat au cap Fréhel en 1943-1944,* Editions La Glaneuse, 1994.
HÖGEL (Georg), *Embleme Wappen Malings*, Editions Koehler, 1996.
JACQUIN (Frédéric), *Les Bombardements de Brest, 1940-1944*, Editions M.E.B., 1997.
LE GRAND (Alain), LE BERRE (Alain), *La Bretagne à l'épreuve*, Edition Daoulan, 1992.
LE GRAND (Alain), THOMAS (Georges-Michel), *39-45 Finistère*, Editions de la Cité, 1987.
LIPPMAN (Harry), *Deutsches Atlantik Wall Archiv*, Editeur Harry Lippman, 1999.
PALLUD (Jean-Paul), *U-Boote ! les sous-marins allemands, 2 Les Bases*, Editions Heimdal.
PRITCHARD (D.V.), *The Battle of the Beams*, Ham Radio, 1989.
Festungnormblatt, Oberkommando des Heeres, 1943-1945.
Fortifications & Patrimoine, B.B.C. Editions.
L'Atlantikwall et les défenses de la côte méditerranéenne française, Etat-major de l'Armée, 1947.
Le Mur - Fortifs, Association.
Lorient 1940-1945, Service Historique de la Marine, Brest.
Merkblatt über Verwendung von Ringständen, 1944.

Remerciements

Je remercie très sincèrement toutes les personnes qui m'ont aidé en me communiquant des renseignements, des photographies, des documents ou en m'autorisant à effectuer des prises de vues dans leur propriété.

Tout particulièrement :

La Marine nationale,
Le musée de la Résistance bretonne,
Les services techniques de la Ville de Bénodet,
Gil Wan Meeuwen,
Pierre Villeneuve,
Didier Lorand et Jérémy Andersen Bö,
Christophe Thibault pour la saisie informatique,
la réalisation de la maquette et des plans.

Table des matières

Éditeur : Christian Ryo
Conception graphique : Hokus Pokus
Mise en page : Corinne Chapalain
Cartographie : Patrick Mérienne
Photogravure : Scann' Ouest, Rennes
Impression : Pollina à Luçon (85)

Cet ouvrage a été imprimé par
Pollina à Luçon (85) - n° L88200
ISBN 2 7373 2873.X - Dépôt légal : Janvier 2002
N° d'éditeur : 4247.02.06.03.03
Imprimé en France